당신 곁에 있을게요

Anselm Grün
Ich bleibe an deiner Seite
Sterbende begleiten, intensiver leben

© 2010 Vier-Türme GmbH, Verlag, D-97359 Münsterschwarzach Abtei.
All rights reserved.

Translated by Yoon Sun-Ah
Korean translation copyright © 2017 by Benedict Press, Waegwan, Korea.

Korean translation rights arranged with Vier-Türme GmbH, Verlag.

당신 곁에 있을게요
임종자와 그 동반자를 위한 성찰

2016년 12월 1일 교회 인가
2017년 1월 5일 초판 1쇄
2018년 7월 20일 초판 2쇄

지은이	안셀름 그륀
옮긴이	윤선아
펴낸이	박현동
펴낸곳	성 베네딕도회 왜관수도원 ⓒ 분도출판사
찍은곳	분도인쇄소
등록	1962년 5월 7일 라15호
주소	04606 서울 중구 장충단로 188 분도빌딩 102호(분도출판사 편집부)
	39889 경북 칠곡군 왜관읍 관문로 61(분도인쇄소)
전화	02-2266-3605(분도출판사) · 054-970-2400(분도인쇄소)
팩스	02-2271-3605(분도출판사) · 054-971-0179(분도인쇄소)
홈페이지	www.bundobook.co.kr

ISBN 978-89-419-1701-4 03230

이 책의 한국어판 저작권은 Vier-Türme GmbH, Verlag과 독점 계약한 분도출판사에 있습니다.
저작권법에 의해 한국 내에서 보호를 받는 저작물이므로 무단 전재와 무단 복제를 금합니다.

당신 곁에 있을게요

임종자와 그 동반자를 위한 성찰

안셀름 그륀 지음　윤선아 옮김

분도출판사

| 차례 |

머리말 • 7

죽음과 삶 • 11
죽음의 길과 영성의 길 • 22
죽음의 단계 • 40
　　— 마감하기, 해결하기, 성숙하기 그리고 온전해짐 • 44
　　— 지나가는 과정 그리고 변화 • 45
　　— 보호의 근원, 구원된 상태 • 47
　　— 환시, 종말의 예감 그리고 삶의 가치 인정 • 48
임종자를 돌보는 일 • 66
작별 의식과 돌봄 의식 • 84
안락사 • 95
삶을 위한 죽음 성찰 • 106
예수님의 마지막 일곱 말씀 • 124

유가족의 애도 • 141

아이들의 애도와 아이들 보살피기 • 177

　— 아이들의 죽음 관념과 애도 경험 • 178

　— 애도하는 아이들을 보살피기 • 183

　— 의식의 중요성 • 187

　— 아이들을 위한 애도 의식 • 190

맺는말 • 198

임종자를 돌볼 때 바치는 기도 • 201

참고 문헌 • 215

머리말

'죽음'과 '죽어 감'이란 주제에 대해 나는 이미 두 권의 책을 썼다. 첫 번째 책은 1995년에 나 자신이 병원에서 죽음을 직면하는 체험을 한 뒤에 쓴 것이다. 『죽음으로부터 얻은 삶』 *Leben aus dem Tod*이란 제목의 그 책에서 나는 죽음의 신학에 대해 밑그림을 그려 보았다. 그때 주된 관심사는 죽음이 우리 삶에서 어떤 의미가 있는지 서술하는 것, 어떻게 하면 철학과 신학을 바탕으로 죽음이란 현상을 이해할 수 있는지 물음을 던지는 것이었다. 죽음에 대한 내 두 번째 책은 『죽음 후에는 무엇이 오는가?』 *Was kommt nach dem Tod?*이다. 그 책의 주제는 죽을 때, 그리고 죽음 후에 우리를 기다리고 있는 것은 무엇인가 하는 물음이다.

이제 이 책에서는 죽음의 과정에 더 큰 관심을 기울이려 한다. 일생에 걸쳐 진행되는 죽음의 과정뿐 아니라, 사람들이 죽기 전 마지막 몇 주 동안 감당해야 하는 일들 역시 이 책에서 서술하고 싶다. 우리는 태어나서 죽을 때까지 삶에서 무엇인가 포기하는 과정과 완성하는 과정을 체험한다. 그런데 죽기 전 몇 주 동안, 며칠 동안, 몇 시간 동안에는 우리가 삶에서 끊임없이 겪어 왔던 이 체험의 농도가 더 진해진다. 동시에 나는 죽어 가는 사람을 돌보는 일에 관한 일련의 물음에도 관심을 두고 있다. 예를 들어 호스피스 운동에서 임종자를 돌보는 문제, 적극적·소극적 안락사 문제, 사랑하는 사람의 죽음을 애도하는 사람을 돌보는 문제 등이 그것이다.

당연히 나는 내 삶의 유한함에 대해서도 물음을 던지고는 한다. 내게는 얼마만큼의 시간이 허락되어 있는가? 삶의 유한함이 지금 이 순간에 대해 말하는 것은 과연 무엇인가? 또한 죽을 때 나에게 일어날 일에 대해서도 묻곤 하는데, 여기서 나는 성경 속의 약속과 그리스도교가 선포하는 바를 믿는다. 곧 우리가 죽을 때는 하느님 사랑의 한가운데로 죽어 들어간다는 것이다. 그러나 예순다섯 살이 넘은 이때, 이 모든 물음보다 훨씬 더 내 관심을 끄는 물음은 다음과 같다. 나는 어떻게 죽을 것인가? 마지막 순간까지 의식이 완전히 깨어 있는 상태에서 평화롭게 잠들 것인가? 아니면 단말마의 고통을 겪을 것인가? 삶과 느닷없이 작별할 것인가? 아니면 치매에 걸려 느린 속도로 죽음에 이를 것인가? 죽음을 향해 갈 때 내가 해야 할 것은 과연 무엇인가?

여러 연구에 따르면 죽음에 이를 때 사람들이 가장 두려워하는 바는 통증이 아니라 가족과 간호자에게 지나친 부담을 안기는 것이다. 그리고 당장 내 마음을 움직이는 물음은 다음과 같다. 아무 일도 못하게 될 경우, 저술 작업도 강연도 할 수 없을 뿐 아니라 사리 분별마저 흐릿해질 경우 나는 과연 누구인가? 지금까지 다른 이들의 눈에 나를 소중한 존재로 보이게 해 주던 면모가 죄다 사라지고 나면 무엇이 나의 존엄인가? 치매에 걸려서 내 영혼이 다른 이들과의 소통을 끊고 밖으로 난 문을 닫아 버릴 경우 나는 누구인가? 죽음의 과정에서 일어나는 것은 실로 무엇인가? 나는 이 책에서 나 자신의 마음을 움직일 뿐 아니라, 노년에 이른 이들과 대화를 나눌 때도 거듭 직면하게 되는 이런 물음에 대해 깊이 살펴보려 한다.

나뿐 아니라 다른 많은 이들의 마음도 움직이는 물음에는 한 가지가 더 있다. 가족 중 한 사람이 중병에 걸려 자리보전하거나 간호가 필요한 처지에 놓이게 되고, 그러다가 결국은 죽음에 임박할 경우 우리는 이 사실을 어떤 자세로 대해야 하는가? 죽어 가는 그 사람을 우리는 어떻게 대해야 하는가? 어머니나 아버지의 죽음을 직면해야 하는 자식들은 대부분 어찌할 바를 모르고 힘겨워한다. 그들은 어떻게 행동해야 할지, 죽어 가는 사람에게 무슨 말을 해야 할지 막막해한다. 지금껏 더할 나위 없이 평온하게 살던 사람들이 가족의 죽음을 눈앞에 두고 갑자기 큰 갈등과 회의에 빠질 때, 지금껏 자신의 삶을 밑받침해 주던 것들을 더 이상 믿을 수 없을 때, 그리고 임종자가 고통스레 견뎌 내고 있는 자신의 처지를 털어놓을 때 그들은 당황하여 어찌할 바를 몰라 한다. 나는 독자들이 이 책에 힘입어 용기를 얻고 자신의 죽음에 대해 성찰할 수 있기를 희망한다. 그뿐 아니라 가족 중 한 사람이 죽음 앞에 서 있을 때 두려움 없이 그 사람 곁을 지킬 수 있기를 희망한다. 나아가 이를 통해 자기 스스로도 많은 은사를 얻으리라고 믿을 수 있기를 희망한다.

죽음과 삶

일찍이 아우구스티누스는 『고백록』Confessiones에서 인간은 태어나는 첫 순간부터 죽기 시작한다는 사실을 인식했다. 인간의 삶은 끊임없는 "비존재를 향한 경향"(tendere ad non esse)이며, 생명이 분해되는 과정이고, 또 "죽음의 과정"(cursus mortalitatis)이다. 아우구스티누스는 이런 표현들을 이용해서 고대 로마 철학자인 키케로의 견해를 되살렸다. 철학자 마르틴 하이데거가 명저 『존재와 시간』Sein und Zeit에서 표현한 것처럼 삶은 죽음을 향한 존재다. 삶은 "죽음을 향해 존재하면서, 실은 죽어 가고 있는데, 게다가 쉼 없이 그렇다"라고 하이데거는 말한다. 또한 그는 『뵈멘의 농부』Der Ackermann aus Böhmen(요하네스 폰 테플의 1400년경 작품으로 아내와 사별한 한 농부와 죽음 사이에 벌어진 논쟁을 그 내용으로 하고 있다_역자 주)의 말에 동의하여 이를 인용한다.

인간은 태어나는 순간, 이미 곧 죽기 충분한 나이가 되어 있다

(Greshake, Sterben 982에 인용).

죽음을 향한 존재. 모든 철학자가 이것을 인간의 본질로 묘사한다. 그런데 이 존재는 죽음을 알리는 전조들을 통해 더욱 확고해진다. 이 전조들은 우리가 죽을 존재이며, 우리가 가는 길은 다름 아닌 죽어 가는 길임을, 삶을 살아가는 내내 경고한다. 죽음을 미리 알리는 이 전조들은 우리에게 끊임없이 닥쳐오는 질병이다. 동화 「죽음의 사자」는 이 같은 전조들을 주제로 하고 있다.

하루는 한 젊은이가 죽음에게 도움을 주었다. 죽음은 고마운 마음에 젊은이에게 약속했다. 심부름꾼을 먼저 보내 죽음이 올 날을 미리 알린 후에야 그를 데리러 오겠다고 했다. 젊은이는 병치레가 잦았지만 몸이 나아지면 이내 또 즐겁게 살아갔다. 죽지 않을 것을 굳게 믿으면서 말이다. 하지만 별안간 죽음이 다가와서 젊은이의 어깨를 툭툭 치며 말했다. "자, 이제 나를 따라오너라. 세상과 작별할 시간이 되었다." 젊은이는 심부름꾼을 먼저 보내서 귀띔해 주기로 하지 않았냐고 항의했다. 그러자 죽음이 말했다. "너에게 몇 번이고 심부름꾼을 보내지 않았더냐? 열병이 찾아와 너를 밀치고 흔들어 대며 넘어지게 하지 않았더냐? 어지럼증이 덮쳐서 혼을 다 빼 놓지 않았더냐? 관절염으로 사지가 쿡 쿡 쑤시기도 했을 게다. 귀에서 웅웅 소리가 나고 치통에 호되게 시달린 적도 있지 않았더냐? 머리가 어지러워 눈앞이 캄캄한 적도 있을 테고. 이런 심부름꾼 말고도 내 친형제인 잠이 밤마다 너에게 죽음을 일깨우지 않았더냐? 밤마다 너는 마치 죽은 자처럼 누워 있지 않았더냐?" 그 말을 듣고 젊은이는 더 이상 대꾸할 말이 없어 제 운명에 무릎을 꿇고 죽음을 따라갔다(Grimms Märchen 553).

감기나 독감과 같은 질병은 언뜻 죽음과 아무런 상관도 없는 것처럼 보인다. 하지만 무슨 병이든 일단 걸리면 우리는 건강과 기력을 마음껏 누릴 수 없음을 느낀다. 어떤 독감에 걸리면 너무 쇠약해진 나머지 더는 숨 쉴 힘도 없다는 느낌마저 든다. 이처럼 힘이 빠졌을 때 우리 안에는 이런 생각이 떠오른다. '만사가 너무 힘들어서 더는 살맛이 안 나는구나. 차라리 죽는 게 낫겠다. 이렇게 무력한 상태로 사는 건 아무 의미도 없겠어.' 그런데 더 무서운 죽음의 사자도 있다. 예를 들어 암이 있다. 암에 걸리면 자신이 치유될 것인지, 아니면 언제고 죽게 될 것인지 결코 확답할 수 없다. 이런 중병은 우리 삶의 덧없음과 유한함을 성찰해 보라고 경고한다. 노화 현상도 죽음을 알리는 전조다. 나이가 들면 근력이 점점 떨어지기 마련이고, 그런 식으로 약해지다가 결국 죽음에 이를 것을 절감하게 된다.

그 밖의 다른 전조를 들어 보자. 가령 정년퇴직이 있다. 많은 사람에게 퇴직은 일종의 죽음을 뜻한다. 퇴직은 그들이 직장에 다닐 때 띠었던 중요성이 죽는 것이며, 그들의 필요성이 죽어 버리는 것이다. 퇴직을 하면서 그들은 지금껏 맡았던 역할, 살아갈 힘을 얻고 의지가 되었던 역할을 잃게 된다. 그들이 꽉 붙잡고 있던 어떤 것이 사라져 버리는 것이다. 어떤 이들에게는 일자리를 잃는 것이 일종의 죽음이다. 그들에게는 어떤 중요한 일을 한다는 것, 어떤 업적을 쌓는다는 것이 삶의 본질을 결정했다. 그런데 그 중요한 일이 느닷없이 손에서 떨어져 나가고, 그러면 그들의 내면에서 무엇인가 죽게 된다. 또 어떤 이들은 일에서 성공을 거두지 못하고 아픔을 겪을 때 내면에서 무엇인가 죽는 것을 느낀다. 일에 열중하고 무진 애를 써 보지만 모든 게 허사다. 손에 들어오는 결실이 하나도 없다. 이런 꼴은 마치 죽음과도 같다. 성공한 삶을 살 것이란 착각이 죽어 없어지는 것이다. 다음의 말은 이 모든 경우에 해당한다.

> 삶은 한꺼번에 죽어 없어지지 않는다. 인간은 차례차례 한 가지씩 내어 줘야 한다(Greshake, Tod und Auferstehung 75).

어떤 이별이든 결국은 전부 다 무엇인가 죽는 일이다. 자식들이 자라서 독립해 나가거나 결혼할 때, 아니면 나 자신이 직장 문제로 다른 도시나 나라로 이주할 때 우리는 이별을 겪는다. 특히 죽음으로 인한 사랑하는 사람과의 불가피한 이별, 이것은 죽는 일이 아닐 수 없다. 사랑하는 사람의 죽음을 우리는 큰 고통으로 체험한다. 가브리엘 마르셀Gabriel Marcel은 우리 곁에 있던 사람의 죽음에 대해 이렇게 말한다.

> 중요한 것은 나의 죽음, 너의 죽음이 아니라 우리가 사랑하는 이의 죽음이다(Greshake, 같은 책 75에 인용).

아우구스티누스 성인은 사랑하는 친구가 숨을 거두자 엄청난 충격을 받았다. 그때 그의 눈에는 모든 것이 죽음에 물들어 있었다. 그는 다음과 같이 썼다.

> 내 눈에 들어오는 것은 죄다 죽음일 뿐이었다. […] 아니, 마치 죽지 않을 사람처럼 여기면서 사랑했던 그가 죽었건만 정작 다른 이들은 아직 살아 있다는 게 이상했고, 그가 죽었건만 그의 분신이던 내가 아직 살아 있다는 게 더욱 이상했다. 친구는 내 영혼의 반쪽이라고 누군가가 한 말은 정말 참말이다(『고백록』 IV, Greshake, 같은 책 75에 인용).

사랑하는 사람이 죽으면 우리 안에 있는 어떤 것도 죽는다. 주위의 모든 것에서 죽음의 맛이 나는 것만 같다. 살맛을 잃어버리는 것이다.

철학자들은 삶의 한가운데 있는 죽음의 현존에 대해서뿐 아니라, 인간의 자기 발견을 위한 죽음의 의미에 대해서도 깊이 사유했다. 언제나 죽음은 철학자들에게 삶의 의미를 사유할 것을 자극하는 가시와 같았다. 플라톤은 죽음을 육체와 영혼의 분리로서 이해한다. 플라톤은 육체가 아닌 영혼을 인간 내면의 본질적인 것, 불멸하고 불변하며 또 영적인 것으로 이해하여, 인간에게 죽음은 일종의 해방이라 생각한다. 영혼이 죽음을 통해 육체의 사슬로부터 해방된다는 것이다. 이러한 관점을 통해 플라톤은 죽음에 상존하는 무섭고 끔찍한 속성을 제거하려 한다. 인간이 죽으면 영혼은 "신적이고 불멸하며 이성적인 것"으로 넘어간다. 죽음 속에서 행복의 상태로 넘어간다. 그러면 더 이상 영혼이 욕망이나 미혹에 흔들리는 게 아니라, 영혼 고유의 본질에 가닿게 된다(Scherer 629).

에피쿠로스는 죽음에 대한 인간의 공포를 덜어 주기 위해 플라톤과는 다른 철학적 명제를 제시한다. 그는 인간이 사후에도 계속 존재한다고 믿지 않는다. 죽으면 그걸로 모든 게 끝난다고 본다. 바로 그래서 인간은 죽음에 대해 상관할 필요가 전혀 없다는 것이다. 그가 내놓은 다음 논거는 아주 유명하다.

그러니까 소름 끼치도록 나쁜 것인 죽음은 우리와 아무 상관이 없다. 우리가 존재하는 동안에는 죽음이 없기 때문이다. 그리고 죽음이 와 있으면 우리가 더 이상 존재하지 않는다. 그러니 죽음은 산 자에게나 죽은 자에게나 아무런 상관이 없다. 살아 있는 자에게는 죽음이 아무것도 아니고, 이미 죽은 자는 더 이상 존재하지 않기 때문이다(Greshake, Tod und Auferstehung 72에 인용).

하지만 더없이 합리적인 이런 논거도 인간을 완전히 설득하지는 못한다. 죽음에 대한 두려움을 덜어 주지 못하는 것이다. 미국 심리학자 어빈 얄롬Irvin D. Yalom에 따르면 죽음에 대한 두려움은 인간 영혼에 너무 깊이 뿌리내려 있어서 그 어떤 합리적 논거도 이 두려움을 온전히 걷어 내지는 못한다. 그러니 죽음이란 현상과 이에 대한 인간의 두려움에 직면하는 철학만이 적절한 답을 제시할 수 있다.

독일 관념론을 대표하는 철학자 피히테J.G. Fichte와 셸링 F.W.J. Schelling 역시 죽음의 위협적 속성을 약화하려 시도했다. 죽음이란 자명한 요소를 내포하고 있는 자연의 삶은 피히테가 보기에 가상의 삶이다. 사랑의 삶, 진정한 삶에는 죽음이란 것이 없다. 셸링은 아내 카롤리네가 세상을 떠나자 큰 충격을 받고 죽음에 대한 자신의 철학을 전개했다. 셸링은 확신했다. "죽음은 우리를 우연성에서 벗어나게 한다. 이로써 인격의 본질이 죽음 저편에서 순수하게 드러난다. 동시에 셸링은 우리가 죽은 이들과 내적으로 연결되어 있으며, 그들과 함께 하나의 영적 세계에 속해 있다고 생각했다"(Sherer 631).

이러한 관념론적 견해를 포이어바흐L. Feuerbach는 부정했다. 그가 보기에 사후에도 지속되는 삶에 대한 모든 관념은 순전히 심리적 투사에 불과하다. 포이어바흐에게 관건은 때 이른 죽음을 피하고 자연스레 죽기 위해 노력하는 것이다. 마르크스주의 철학자들이 포이어바흐의 이런 견해를 받아들였다. 그들은 개인이 죽음 속에서 해체되어 정신의 세계로 옮겨진다는 헤겔의 관념론적 주장을 그저 인간 역사의 범위 안에서만 해석했다. 유물론자들의 견해에 따르면 인간이 죽을 때는 개체적 인격을 떠나 인간이란 속屬으로 넘어간다. 개인은 죽어도 속은 불멸한다. 궁극적으로는 개인이 속에게 자리를 내어 주는 것이다.

무수한 사망자를 낸 제2차 세계대전 이후, 마르크스주의 철학자들은 죽음이란 현상을 새롭게 연구하고 검토했다. 그들이 보기에 죽음은 "삶을 관조할 것을 부추기는 가장 큰 자극이다"(Greshake, Tod und Auferstehung 78). 죽음은 모든 인간을 동등하게 만든다. 동시에 죽음은 개인과 그 행복이 아니라, 사회 전체의 복지가 관건이라고 말한다. 그래서 죽음은 "지속적 진보의 전제 조건으로서 타인에게 자리를 비켜 주는 것이다"(같은 책

78). 하지만 마르크스주의자들은 오직 죽음에만 집중할 뿐 죽는 과정에는 아무런 관심도 두지 않는다. 그들의 안중에는 죽어 가는 생명이 없다.

그리스도교 철학자들은 고대 철학자들을 따르면서 죽음의 의미를 달리 이해했다.

죽음을 기억하는 것은 사물의 가치와 인간 삶의 가치를 가늠할 수 있게 해 주며, 인간으로 하여금 지혜롭고 냉철하며 용감하게 현재의 삶을 누리게 해 준다(같은 책 81).

스토아철학은 죽음에서 무엇보다 모든 압제와 강제로부터 해방되는 길을 발견한다. 노트케르 발불루스Notker Balbulus(830~912)가 자신의 유명한 노래「삶의 한가운데서도 우리는 죽음 속에 있도다」Media vita in morte sumus에서 말한 것처럼, 그리스도교 전통은 우리가 늘 죽음에 둘러싸여 있다고 본다. 1456년에 만들어진 독일어 번역은 이렇다.

우리는 삶의 한가운데서도 죽음에 둘러싸여 있도다.
우리가 은혜를 얻도록 도와줄 이, 과연 누구인가?

죽음에 완전히 둘러싸여 있는 경험은 우리의 소유 재산과 성공, 세인의 평판 등 모든 현세적인 것을 상대화한다.

    카를 라너Karl Rahner는 삶이란 시간적 제한이 있을 때만 의미가 있다고 본다. 그는 말한다.

    지금 우리가 사는 이 삶을 찬찬히 들여다보자. 삶은 우리 인간이 계속해서 살고 싶어 하는 그 모습 그대로 굴러가지 않는다. 삶은 이미 그 자체로 현존 방식의 종결을 향해 나아가고 있다. 시간이란 완결될 수 없으면 허무맹랑한 것이 되고 만다. 영원토록 계속 살 수 있다고 생각해 보라. 그건 텅 빈 무의미의 지옥일 것이다. 모든 것을 텅 빈 저 나중으로, 결코 바닥나지 않을 저 나중으로 미루고 떠밀 수 있으니 그 어떤 순간도 중요치 않을 것이다. 이런 삶에는 아무런 상실도 없을 터이고, 이로써 모든 것이 절대적 무의미라는 공허 속에 빠져들 것이다(Rahner 266).

    삶이 그저 계속되기만 한다면, 이는 인간에게 축복이 아닐 것이다. 삶의 활기와 긴장은 다름 아닌 생성과 소멸, 죽음으로 인한 시간적 제한을 통해 생겨난다. 죽음은 지금 이 시간을 더 의식적으로 살 수밖에 없게 하며, 모든 것을 나중으로 미루는 대신 철저하게 이 순간을 살 수밖에 없게 한다. 만약 삶에 끝이 없다면 그런 삶은 중요하지도 않고 지루할 것이다.

    그리스도교 전통은 죽음에 관해 또 다른 인식을 정립하고 전개했다. 죽음 앞에서는 모든 인간이 평등하다는 인식이다. 죽음 앞에서는 계층의 차이가 모두 다 없어진다. 이는 특히 '죽음의 무도'(Totentanz)에 훌륭히 표현되어 있다. 죽음의 무도는 14세기부터 널리 전파되었다. 이 공연에서는 살아 있는 사람의 배역과 해골이나 시체를 맡은 배역이 번갈아 가며 춤을 춘다. 이러한 상징의 기저에는 사회 비판적인 관점에 들어 있는데, 모든 인간은 각자가 속한 계층과 상관없이 평등하다는 사실을 대변하는 것이다.

죽음은 인간으로 하여금 자신을 돌아보게 한다. 인간은 자기 곁에 타인이 있을 때 죽기를 원한다. 타인의 사랑에 지지를 받고 있다고 느끼며 죽기를 바란다. 하지만 인간은 죽음에 이를 때 고독도 체험한다. 죽음의 문을 혼자서 통과해야 한다. 인간은 세상살이를 하는 동안 자신이 맡은 역할과 얼굴에 가면을 쓰고 그 뒤에 숨어 있기 일쑤다. 그런데 죽음의 문을 넘어설 때 인간은 역할과 가면을 벗은 자신은 대체 누구인가 하는 물음을 받게 된다. 자신의 실제 모습과 참된 존재를 직면하게 된다. 하지만 인간은 이러한 실존 속에 그냥 내던져지지 않았다. 오히려 인간은 하느님에 의해 이 세상 속에 보내졌다. 하느님 앞에서 자신의 길을 가고 이 세상에 축복이 되도록 말이다. 죽음에 이를 때 인간은 어떻게 살았는지, 진정으로 살았는지, 진실되게 살았는지 답을 해야 한다.

죽음의 길과
영성의 길

영성의 역사에서 죽는다는 것은 예수님의 영에 힘입어 산다는 것을 가리키는 상징이기도 하다. 이때는 늘 예수님의 다음 말씀이 인용된다.

밀알 하나가 땅에 떨어져 죽지 않으면 한 알 그대로 남고, 죽으면 많은 열매를 맺는다(요한 12,24).

예수님은 이 말씀을 통해 당신의 십자가 죽음을 설명하셨다. 그런데 이 말씀에는 우리의 삶에 대한 설명도 들어 있다. 자신을 전적으로 바칠 때만 우리의 삶은 열매를 맺는다. 자기 투신과 헌신은 죽는 것과 같은 체험이다. 그러니 죽는 것은 삶의 한 내적 측면이다. 투신과 헌신의 반대는 집착이다. 자신에게 집착하는 사람, 철저히 자신의 안녕만 바라며 사는 사람은 삶을 살아가는 것이 아니라 삶을 지나쳐 가는 것이다. 그런 사람은 무슨 일이 있어도 행복해지고 싶어 한다. 하지만 행복을 완전히 놓치고 만다. 영적인 삶의 법칙으로 인정되는 이것을 오늘날은 심리학이 삶의 근본 법칙으로 재발견했다. 심리학자들은 흐를 수 있는 사람만이 삶을 온전히 이룬다고 말한다. 흐른다는 것은 다름 아닌 하느님과 타인들을 향해 간다는 것이다. 삶의 원천을 움켜쥐는 대신 그 원천이 솟아나게 그대로 둔다는 것이다. 심리학은 흐름의 기쁨을 이야기한다. 예수님께서 하신 다음 말씀의 주제도 삶을 온전히 내어 주는 것이다.

> 누구든지 내 뒤를 따르려면 자신을 버리고 제 십자가를 지고 나를 따라야 한다. 정녕 자기 목숨을 구하려는 사람은 목숨을 잃을 것이고, 나와 복음 때문에 목숨을 잃는 사람은 목숨을 구할 것이다(마르 8,34-35).

이를 악물고 자신의 삶에 집착하는 사람은 정작 삶을 잃을 것이다. 그런 삶은 흐르지 않는 삶이다. 자신의 '자아'(Ego)만 싸고도는 사람은 고립된 삶을 살 것이다. 자아는 만족할 줄 모르고, 모든 것을 소유하려 들며, 모조리 다 자신을 위해 쓰려고 한다. 하지만 자아는 행복해질 수 없다. 밖으로부터 인정을 받아도 결코 만족하지 않는 것이 자아의 속성이다. 인간이 자신의 자아로부터 자유로워질 때 삶은 비로소 열매를 맺는다. 이에 대해 신비주의는 '나의 죽음'(Ich-Tod)을 이야기한다. 여기서 우리는 나의 죽음을 자아가 완전히 지워진다는 뜻으로 해석하면 안 된다. 만약 그러면 인간에게 더 이상 중심이 없다는 뜻이기 때문이다.

심리학자 카를 융C.G. Jung은 자아와 '자기'(Selbst)를 구별한다. 참된 자신이 되기 위한 길 위에서 인간은 자아로부터 자기로 나아가야 한다. 겉으로만 근사하게 보이려는 태도로부터 인격의 중심으로, 진정한 자신으로 나아가야 한다. 우리에게는 이런 과정도 얼마든지 죽음으로 체험될 수 있다. 예수님은 우리가 당신을 위해 목숨을 잃어야 한다고 말씀하신다. 이 말씀의 핵심은 무엇일까? 무엇인가 더 큰 것에, 곧 하느님께, 예수님의 인격에 매혹된 나머지 다른 모든 것은 사소하게 보여야 한다는 의미다. 자신의 삶을 자신보다 더 큰 목표를 향해 이끌어 가는 사람은 활기에 넘친다. 역사를 보아도 예수 그리스도께 매혹된 사람들은 제 목숨을 하찮게 여겼다. 그들은 두려움 없이 그리스도의 편에 섰고, 그로써 그들의 삶은 풍성한 열매를 맺었다.

바오로 사도는 '우리가 죄에 대해서 죽는다'라고 말하면서 죽음의 또 다른 표상을 제시한다. 바오로는 세례 문제를 다룬 로마서 6장에서 다음처럼 쓴다.

우리의 옛 인간이 그분과 함께 십자가에 못 박힘으로써 죄의 지배를 받는 몸이 소멸하여, 우리가 더 이상 죄의 종노릇을 하지 않게 되었습니다. 죽은 사람은 죄에서 벗어나기 때문입니다(로마 6,6-7).

말하자면 우리가 죄에 있어서 죽어야 한다는 것이다. 그래야 더 이상 죄가 우리 위에 군림하지 않는다. 여기서 죄는 잘못된 길로 빠지는 삶, 그릇된 태도에 좌우되는 삶을 뜻한다.

바오로는 세례를 예수님의 운명에 참여하는 것으로 이해한다. 예수님께서 돌아가신 뒤 무덤에 묻히시고 부활하신 것처럼 똑같은 일이 우리에게도 일어난다. 예수님은 죄의 결과로 이 세상에 대해서 죽으셨다. 인간의 악함과 비겁함이 그분을 십자가에 못 박았다. 하지만 그분은 이 죄를 당신 사랑으로 이기셨다. 그분은 이 죄에 대해서 죽으셨다. 따라서 세례는 우리의 온 존재가 변화되는 것을 뜻한다. 우리는 더 이상 우리 자신을 삶을 지나쳐 가는 사람으로 정의하지 않고, 그리스도와 함께 진정으로 사는 사람, 우리를 잘못된 길로 이끌던 낡은 방식에서 벗어나서 부활한 사람으로 정의한다. 그리스도와 함께 세례를 받을 때 우리는 진정한 삶을 가로막는 모든 것, 곧 낡은 삶의 방식과 해묵은 상처를 묻어 버리고 새로운 인간으로 일어선다. 과거의 각인에서 벗어난 인간으로 일어선다. 이제 우리는 하느님께 힘입어 새 삶을 살아가야 한다. 하지만 죄에 대해서, 죄에 좌우되던 낡은 존재에 대해서 그리스도와 함께 기꺼이 죽을 각오가 되어 있어야 우리는 비로소 새 삶을 맛볼 수 있다.

바오로 사도는 죄의 지배를 받는 몸에 대해 말한다. 하지만 이 말이 육체에 대한 부정적 관점이나 적대적 태도인 것은 결코 아니다. 도리어 바오로가 말한 몸이란 언제나 타인과 소통 속에 있는 인간을 뜻한다. 우리는 타인과 관계를 맺을 때 죄에 넓은 자리를 내주고 있다. 가령 우리는 타인에 대해 악담하는 습성이 있다. 또한 적개심과 증오심을 품고 타인을 만난다. 우리는 타인에게 상처를 입히거나 자신을 치켜세우려고 타인을 깎아내린다. 이런 식의 소통은 세례를 받으며 완전히 파묻히고, 이로써 참된 소통이 드러난다. 죄의 지배를 받는다는 것은 인간 본질로 들어가지 않고, 소통에 애쓰지도 않고 그저 지나쳐 간다는 것이다. 그래서 바오로가 죄의 지배를 언급하는 것이다.

우리는 인간 존재를 왜곡하려 드는 경향이나 타인을 부정적으로 대하는 풍조 등에 사로잡힐 수 있다. 우리는 세례를 받은 후에도 죄의 지배에 좌우될 위험이 있다. 그럼에도 우리는 세례를 받으며 예수님의 영으로 가득 채워졌고, 이제는 우리가 그리스도 안에서 살고 있다는 사실을 떠올리며 다시는 죄의 지배를 받지 않아야 한다. 세례 때 우리는 예수님의 영으로 온전히 채워지며, 이로써 그분께서 이루어 내신 죄의 극복에 참여한다. 그리스도 안에서 우리는 낡은 삶에 대해서 완전히 죽었고, 이제는 우리가 그분께 사랑받는 인간으로서, 나아가 스스로 타인을 사랑할 줄 아는 인간으로서 새롭게 살아갈 수 있다.

예수님은 요한 복음서에서 이렇게 말씀하신다.

저는 이들에게 아버지의 말씀을 주었는데, 세상은 이들을 미워하였습니다. 제가 세상에 속하지 않은 것처럼 이들도 세상에 속하지 않기 때문입니다. 이들을 세상에서 데려가시라고 비는 것이 아니라, 이들을 악에서 지켜 주십사고 빕니다. 제가 세상에 속하지 않은 것처럼 이들도 세상에 속하지 않습니다(요한 17,14-16).

우리 그리스도인은 세상 속에서 살고 있어도 세상에 의해 사는 사람들은 아니다. 세상은 더 이상 우리 위에 군림하지 않는다. 복음사가 요한이 말하고자 한 바는 세상에 대해서 철저히 죽는 것이다. 이에 대해 그리스도교 초기 수도승들은 두 가지 격언을 들려준다.

한 젊은 수도승이 제 스승인 이집트 사람 마카리오스에게 가서 말했다. "스승님, 한 말씀만 해 주십시오! 제가 어찌하면 구원을 받을 수 있겠습니까?" 늙은 스승이 그에게 일렀다. "무덤 터에 가서 죽은 자들에게 욕설을 퍼부어 보아라!" 젊은 형제 수도승은 시킨 대로 무덤 터에 가서 죽은 자들에게 욕설을 하고 돌까지 던지고 돌아와서 늙은 스승에게 제가 한 일을 전했다. 그러자 스승이 물었다. "죽은 자들이 네게 아무 말도 안 하더냐?" 수도승이 답했다. "안 했습니다." 스승이 또 말했다. "그럼 내일 다시 무덤 터에 가서 이번에는 죽은 자들을 칭송해 보아라." 제자는 다시 가서 죽은 자들을 "사도님들, 성자님들, 의인들님!"이라 부르며 칭송했다. 그러고는 돌아와서 제가 한 일을 말하자 늙은 스승이 물었다. "죽은 자들이 아무런 대꾸도 하지 않더냐?" 제자가 답했다. "아무 대꾸도 없었습니다!" 그제야 스승은 다음과 같이 가르쳤다. "네가 죽은 자들을 얼마나 모욕했는지는 네 스스로가 잘 알 게다. 한데 그들은 아무런 대꾸도 하지 않았다. 너는 그들을 크게 칭송하기도 했다. 하지만 그들은 아무런 기척도 없었다. 구원을 얻으려면 너 또한 죽은 자들처럼 되어야 한다. 죽은 몸이 되거라. 사람들이 네게 저지르는 불의뿐 아니라 사람들의 칭송까지 무시하거라. 죽은 자들처럼 말이다. 그러면 구원될 것이다!"(Apophthegma 476).

스승 마카리오스의 충고는 언뜻 섬뜩하게 들린다. 마치 우리가 아무런 감정도 없는 존재가 되어야 한다는 뜻 같다. 하지만 이 가르침은 그런 뜻이 아니다. 결과적으로 볼 때 그는 심리치료적인 방법을 썼다. 그는 젊은 제자로 하여금 일단 자신의 감정에 충실해 보게 했다. 제자는 자신의 긍정적인 감정과 부정적인 감정을 차고 넘치게 맛보고, 또 거리낌 없이 드러냈다. 제자는 결국 감정이 전부가 아니라는 사실을 알게 되었다. 감정은 본질적인 것이 아니다. 내 분노의 표현도 유쾌한 기분도 나를 나 자신의 순수하고 거짓 없는 본질로 데려가 주지 않는다. 나는 다른 차원으로 나아가야 한다. 나는 나 자신을 인간들이 아닌 하느님을 기준으로 정의해야 한다. 남들이 내게 던져주는 인정과 칭찬이 아니라, 하느님 안에서 내 바탕을 찾아야 한다. 내가 세상에 대해서 죽을 때, 내가 세속적 정체성을 포기하고 그분 안에서 진정한 정체성을 발견할 때 나 자신을 그분에 따라 정의하는 것이다. 그러면 나는 세상 한가운데 있어도 세상으로부터 자유로울 수 있다. 나는 세상 속에 있지만 세상에 근원을 둔 사람이 아니다.

수도승은 사람들의 칭송과 인정에 구속되면 안 된다. 칭찬도 타박도 아무런 의미가 없어야 한다. 오직 하느님만 중요해야 한다. 하지만 남들에게 인정받고 싶은 욕구는 누구에게나 깊게 박혀 있기 마련이라, 앞선 일화에서도 칭송과 모욕으로부터의 자유는 곧 죽은 몸이라는 상징으로 묘사되어 있다.

다른 격언에는 이렇게 쓰여 있다.

한 수도승이 스승 모세에게 물었다. "제 눈앞에 한 가지 과제가 놓여 있는데도 그걸 해결할 수 없습니다." 그러자 늙은 스승이 답했다. "땅에 묻힌 이들처럼 죽은 몸이 되지 않으면 너는 그 과제를 해결할 수 없을 것이다"(Apophthegma 505).

모든 종교에는 자신의 죽음을 미리 명상해 보는 수련법이 있다. 이러한 수련법은 삶을, 또한 삶에서 받는 도전을 회피하라고 요구하지 않는다. 오히려 수도승들은 일단 삶부터 잘 꾸려야 했다. 무덤 속에 누워 있는 모습을 상상해 보라는 것은 다름이 아니라 참된 삶을 왜곡하는 것을 모두 놓아 버리는 연습을 하라는 말이다. 여기서 삶을 왜곡하는 것은 몸에 밴 타성, 우리가 집착하는 삶의 방식, 아무 의식 없이 되는대로 살아가는 경향이다. 참되지 않은 것, 중요치 않은 것은 그것이 무엇이든 죄다 떨어내야 한다. 그래야 참된 삶이 우리 안에서 활짝 피어난다. 우리는 과거의 상처를 그냥 두지 못하고 지금도 자꾸만 건드리곤 한다. 그런 상처도 묻어 버려야 한다. 자기 비난, 자책, 타인의 언행에 받은 상처, 피해 의식 따위를 우리는 다 묻어 버려야 한다. 그래야 그런 것들이 우리의 참된 삶에 더 이상 방해가 되지 않는다. 과거의 짐은 과거에 둬야 한다. 그래야 우리가 지금 이 순간을 온전히 살 수 있다. 안 그러면 우리는 오늘 우리의 삶이 잘못되고 있는 이유를 줄곧 과거에서만 찾게 되기 마련이다. 삶을 제대로 사는 데 방해가 되는 것을 죄다 버릴 때 우리는 그리스도와 함께 부활한다는 것, 삶 가운데서 이미 부활을 체험한다는 것이 무엇을 뜻하는지 깨닫게 된다.

복음사가 요한과 초기 그리스도교 수도승들이 말하려 한 바는 우리가 세상에 대해서 죽는 것이다. 그래야 하느님께서 우리 안에서 다스리실 수 있다. 이런 죽음을 사도 바오로는 예수 그리스도와 관련짓는다. 그리스도와 함께 그리스도 가운데서 살려면 우리는 세상에 대해서 죽어야 한다. 이에 바오로는 갈라티아서에 유명한 말씀을 남긴다.

> 나는 하느님을 위하여 살려고, 율법과 관련해서는 이미 율법으로 말미암아 죽었습니다. 나는 그리스도와 함께 십자가에 못 박혔습니다. 이제는 내가 사는 것이 아니라 그리스도께서 내 안에 사시는 것입니다(갈라 2,19-20).

첫 문장의 의미는 요한 복음서의 말씀과 비슷하게 하느님께서 우리 안에서 다스리시도록 우리가 세상과 세상의 기준에 대해서 완전히 죽어야 한다는 것이다. 이것은 하느님 나라에 대한 예수님의 설교에 담겨 있는 의미이기도 하다. 우리 내면은 세상이 아니라 그분께서 다스리셔야 한다. 그런데 바오로 사도는 이를 조금 더 개인적으로 표현한다. 바오로가 말하려 한 바는 결국 그리스도와 함께 죽는 것, 십자가에 못 박히는 것이다. 그로써 우리가 그리스도 안에서 살고 그리스도가 우리 안에서 사실 수 있다. 그러면 이는 구체적으로 무엇을 뜻할까? 우리의 속 깊은 내면이 예수님의 영에 의해 규정되는 것을 뜻한다. 그리고 예수님께서 우리 안에, 우리 내면의 중심 안에, 우리 영혼의 저 깊은 바탕 위에 사신다는 뜻이다. 바오로가 묘사하는 것은 분명 일종의 신비주의적 체험이다. 우리의 자아가 힘을 잃은 결과 그리스도께서 우리의 존재와 사고와 감정을 다스리시고, 나아가 우리 내면의 중심이 되시는 것이다. 사도 바오로에게 죽는다는 것은 십자가에 못 박힌다는 뜻이기도 하다. 이때 십자가는 더 이상 세상이 우리를 좌우하지 못한다는 것을 말해 주는 상징이다. 십자가는 우리가 세상의 지배에서 벗어나서 자유로워지는 길이다.

> 그러나 나는 우리 주 예수 그리스도의 십자가 외에는 어떠한 것도 자랑하고 싶지 않습니다. 그리스도의 십자가로 말미암아, 내 쪽에서 보면 세상이 십자가에 못 박혔고 세상 쪽에서 보면 내가 십자가에 못 박혔습니다(갈라 6,14).

세상은 예수님의 십자가로 권세를 잃었다. 자의적 척도를 들이대던 세상은 이제 말소되었다. 이제는 세상이 우리를 규정하지 못한다.

사도 바오로는 그리스도와 함께 세상에 대해서 죽었기 때문에, 그리스도께서 당신의 본질을 실현하셨기 때문에 그분을 섬기면서 자신을 온전히 헌신할 수 있다. 또한 선교 활동 중에 맞닥뜨리는 모든 고난을 예수 그리스도의 십자가에 참여하는 일로서 체험할 수 있다.

우리는 죽어 가는 자같이 보이지만 이렇게 살아 있습니다. 벌을 받는 자같이 보이지만 죽임을 당하지는 않습니다. 슬퍼하는 자같이 보이지만 실은 늘 기뻐합니다. 가난한 자같이 보이지만 실은 많은 사람을 부유하게 합니다. 아무것도 가지지 않은 자같이 보이지만 실은 모든 것을 소유하고 있습니다(2코린 6,9-10).

사도 바오로는 그리스도와 함께 죽었기 때문에 복음을 선포할 때 크나큰 업적을 세울 수 있었다. 그 무엇도 그의 그리스도 선포를 막을 수 없었다. 복음을 선포하며 수많은 고통을 겪었지만 그럼에도 그는 자유로운 사람, 기쁜 사람, 내적으로 부유한 사람이었다. 그렇다, 그는 자신의 일을 그분 죽음의 고통에 의해 각인된 것으로 체험했다.

우리는 언제나 예수님의 죽음을 몸에 짊어지고 다닙니다. 우리 몸에서 예수님의 생명도 드러나게 하려는 것입니다. 우리는 살아 있으면서도 늘 예수님 때문에 죽음에 넘겨집니다. 우리의 죽을 육신에서 예수님의 생명도 드러나게 하려는 것입니다(2코린 4,10-11).

따라서 사도 바오로의 생애와 활동은 그리스도와 함께 죽었다는 것과 그 죽음 이후 자신 안에서 새 생명을 느꼈다는 것, 이 두 가지로 특징지어진다.

바오로의 제자들은 죽음과 생명의 관계를 더 낙관적으로 본다. 그의 제자들이 작성한 것으로 보이는 에페소서와 콜로새서에서는 새 생명이 강조되고 있다.

여러분은 이미 죽었고, 여러분의 생명은 그리스도와 함께 하느님 안에 숨겨져 있기 때문입니다. 여러분의 생명이신 그리스도께서 나타나실 때, 여러분도 그분과 함께 영광 속에 나타날 것입니다(콜로 3,3-4).

에페소서에는 초기 그리스도교의 세례 의식에서 쓰던 한 노래가 인용되어 있다. 이 노래는 새 생명을 빛으로 묘사한다.

잠자는 사람아, 깨어나라.

죽은 이들 가운데에서 일어나라.

그리스도께서 너를 비추어 주시리라(에페 5,14).

영적으로 산다는 것은 다른 게 아니라, 우리가 이미 그리스도와 함께 죽었다는 사실을 끊임없이 의식하는 것이다. 우리는 이를 날마다 새롭게 실천해야 한다. 죄에는 인간을 참된 삶과 동떨어진 곳으로 잡아끄는 속성이 있다. 우리는 이 속성에 쉼 없이 맞서야 하며, 또 거기서 벗어나야 한다. 죽는다는 것은 죄로부터 벗어나는 것과 같다. 우리는 우리의 주도권을 더 이상 죄에 내주지 않아야 한다. 세례 때 일어난 일을 늘 새롭게 의식해야 한다. 예수님의 죽음과 부활이 세례 때 우리에게 완전히 실현되었다. 당장 중요한 것은 이를 나날의 삶에서 실현하는 일이다. 더 이상 죄의 지배를 받지 않을 때, 사랑으로 살아갈 수 있는 자유로운 인간일 때 우리는 세례에서 일어난 일을 실현하는 것이다. 따라서 세례로 시작된 죽는 과정이 일상 가운데서 계속되어야 한다. 이런 과정은 내가 타인을 위해 헌신할 때, 자의적 척도를 들이대는 세상이 더는 나를 좌우하지 못함을 거듭 의식할 때 가능해진다. 나는 세상이 아니라 그리스도께서 이끄시는 대로 산다. 성공과 소유, 출세를 향한 욕망이 나를 움직이는 것을 허용하지 않는다.

그런데 영적인 삶은 우리가 삶 가운데서도 죽음에 둘러싸여 있다는 사실, 오직 죽음을 직시할 때만 인간답게 살 수 있다는 사실을 한시도 잊지 않음을 뜻하기도 한다. 구약 성경만 아니라 신약 성경도 죽음 앞에 서게 되면 하느님께서 우리를 붙잡아 주고 계심을 알아야 한다고 끊임없이 경고한다. 욥은 이를 아주 느긋하게 표현하고 있다. 물론 하느님과 씨름할 때도 이 느긋함을 유지하지는 않지만 말이다.

> 알몸으로 어머니 배에서 나온 이 몸,
> 알몸으로 그리 돌아가리라.
> 주님께서 주셨다가 주님께서 가져가시니
> 주님의 이름은 찬미받으소서(욥 1,21).

욥처럼 하느님께서 자신을 보호해 주심을 분명히 알고 있는 사람은 자신의 죽음뿐 아니라 가족의 죽음이란 문제에 대해서도 절망에 빠지지 않는다. 잘 대처한다. 구약 성경은 죽음을 매우 사실적으로 인식한다.

> 구약 성경에서 죽음은 삶의 자연스러운 끝으로서, 인간은 이 끝에 저항할 수 없다(Dietrich/Vollenweider 582).

욥은 인간의 삶이 얼마나 짧고 또 얼마나 무상한지 담담히 인정한다.

사람이란 여인에게서 난 몸,
수명은 짧고 혼란만 가득합니다.
꽃처럼 솟아났다 시들고
그림자처럼 사라져 오래가지 못합니다(욥 14,1-2).

인간은 늘 죽음을 염두에 두고 살아야 한다. 늙어서 살고 싶은 만큼 다 살다가 죽는다면 이는 아무 문제가 아니다. 하지만 젊은 나이에 어쩔 수 없이 삶을 놓아야 할 때라면 그 사람은 불행을 느낀다. 그럼에도 우리는 받아들여야 한다.

시편은 우리의 삶을 질병과 고통, 박해와 고독으로 얼룩진 것으로 묘사하곤 하는데, 그것들은 죽음을 예고하는 전조이다. 그런 것들을 경험할 때 죽음은 우리 삶 가운데 이미 자리하고 있다. 그때는 우리가 하느님께 도와 달라고 청하는 수밖에 다른 도리가 없다. 시편 기자는 다음과 같이 기도한다.

저는 더없이 꺾이고 무너져
온종일 슬피 떠돌아다닙니다.
저의 허리는 염증으로 가득하고

저의 살은 성한 데 없습니다.
저는 쇠약해지고 더없이 으스러져
끙끙 앓는 제 심장에서 신음 소리 흘러나옵니다(시편 38,7-9).

이렇게 기도하는 사람에게는 오직 하느님에 대한 희망만 남아 있다.

그러나 주님, 저는 당신께 바랍니다.
주 저의 하느님, 당신께서 대답해 주시리이다.
저는 생각하였습니다.
'그들이 나를 두고 기뻐하는 일이 없고
내 발이 흔들릴 때 내게 우쭐대는 일이 없었으면'(시편 38,16-17).

구약과 신약 성경 시대에 사람들의 평균 수명은 고작 삼십 세 정도였다. 언제 어디서나 삶에는 죽음의 그림자가 드리워져 있었다. 하지만 그리스도인들 앞에서는 죽음도 그 날카로운 가시를 잃었다. 히브리서에는 예수님께서 당신의 죽음으로 "죽음의 공포 때문에 한평생 종살이에 얽매여 있는 이들을"(히브 2,15) 해방하셨다는 말씀이 있다. 바오로 사도는 그리스도인들에게 부활은 지금 여기서의 삶을 새로 맛보게 한다고, 이를 늘 기억하라고 당부한다.

우리가 현세만을 위하여 그리스도께 희망을 걸고 있다면, 우리는 인간 가운데 가장 불쌍한 사람일 것입니다(1코린 15,19).

죽음의
단계

우리는 일생에 걸쳐 죽어 가고, 또 일생에 걸쳐 죽음을 연습한다. 그럼에도 죽음의 과정은 어떤 특별한 것이다. 아주 먼 옛날부터 사람들은 죽음을 앞둔 이들을 곁에서 돌보며 그 과정을 지켜봤다. 사람들은 거기서 여러 통찰을 얻어 짧은 말로 표현했는데, 가령 "사람은 살던 대로 죽는다"라는 말이 있다. 하지만 말이 진리에 가깝더라도, 만약 이를 모든 사람에게 보편적으로 적용한다면 부당한 처사일 것이다. 언제나 죽음은 신비이기도 하다. 우리는 나를 사랑해 주는 사람들, 나를 사랑으로 지지해 주는 사람들에게 둘러싸여서 평화롭게 죽기를 간절히 바란다. 하지만 우리가 어떻게 죽을 것인지를 마음대로 선택할 수는 없다. 어떤 사람은 갑작스러운 사고로 죽는다. 어떤 사람은 오래도록 죽음과 고통스러운 사투를 벌인다. 또 어떤 사람은 단말마의 고통 끝에 죽는다. 물론 평화롭게 죽는 사람도 있다. 우리는 그들이 온화하게 잠들었다고 말한다. 반면 죽음과 격렬히 싸우는 사람도 있는데, 곁에서 그들을 돌봐 주는 이들은 죽음이 그토록 힘겹다는 것을 알고 질겁하곤 한다. 우리는 내가 어떻게 죽으면 좋을지 선택할 수 없다. 우리가 세상을 살아가는 동안 내적 성장의 기회를 놓쳐 버렸다면 죽음의 과정에서 이를 만회할 수 있다. 다만 매우 고통스러울지도 모른다. 영적 전통에서 사람들이 편안히 죽게 해 달라고 기도를 올린 데는 다 그만한 이유가 있다. 사람들은 죽음의 과정이 자신을 하느님과의 평화 속으로 인도해 주리라고 믿었다. 그런데 죽는 사람뿐 아니라 그 가족들을 위해서도 기도를 올렸는데, 죽음의 외적 과정도 온화해서 가족들이 죽음의 고통을 지켜보며 겁먹지 않게 해 달라는 청이었다.

때로는 죽음과의 싸움이 지금껏 살아온 삶의 표현이다. 걸핏하면 주위 사람과 다투고 딸과의 접촉도 끊던 한 여자가 있었다. 남편이 아무리 애를 써도 만족할 줄 모르던 그녀는 죽음의 고통을 심하게 겪었다. 마지막 순간까지 불안과 초조에 사로잡혀 있었다. 살아생전 처리하고 해결하지 못한 일을 죽음의 고통 속에서 마저 다 해내고 있는 듯 보였다. 하지만 죽음의 고통을 겪는 모든 사람에게 이러한 심리적 문제가 있다고 결론을 내려서는 안 된다. 삶의 문제와의 이러한 씨름은 대체로 임종 전부터 시작된다. 그럼에도 죽음의 맨 마지막 단계는 대부분 질병의 형태에 따라 결정된다. 당뇨병 환자라면, 호흡 곤란 때문에 순전히 육체적으로 죽음과 싸워야 하는 사람보다 더 조용히 죽을 것이다. 모르핀 주사를 맞고 있는데도 극심한 통증에 시달리는 사람이라면, 그가 치러야 할 죽음과의 싸움은 그저 평화롭게 잠들 듯이 죽는 사람의 싸움처럼 고요하지 않을 것이다. 의사라도 임종자의 마지막 순간이 어떤 모습일지 결코 미리 말해 줄 수 없다.

우리는 죽음의 형태를 해석하려는 우를 범하면 안 된다. 죽음과의 싸움이 생전에 해결하지 못한 과제를 처리하려는 노력처럼 보일 때가 있다. 어린 자식들을 남겨 둔 채 죽어야 하는 어머니는 아이들에 대한 염려로 죽음에 자신을 맡기는 것을 무척 힘겨워한다. 아니면 가족에게 빚이나 다른 어떤 짐을 남기고 가야 하는 사람도 있는데, 그런 사람은 죽음에 격렬히 저항한다. 죽음과의 싸움이 질병의 형태에 따라 결정되는 것으로 보일 때가 많다. 그리고 더없이 평온히 살아온 사람이 왜 마지막 순간에 죽음과 고투를 벌여야 하는지 그 이유를 알 수 없을 때도 많다. 어쩌면 이런 사람이 겪어야 할 고통은 다른 이들을 위한 것일지도 모른다.

호스피스 활동을 하며 임종자의 곁을 지키는 사목자들은 죽음에도 다양한 모습이 있다는 사실을 발견했다. 여기서는 이들의 경험을 참고하려 한다. 특히 죽음의 내적 과정에 대해 서술한 모니카 렌츠Monika Renz의 저술에 의지하려 한다. 렌츠에 따르면 죽음은 인간의 마지막 성장을 향해 나아가는 길이다. 이 길에서 인간은 본질적인 체험을 한다. 우선 인간 존재의 궁극적인 물음 앞에 서게 된다. 그것은 어떠한 물음일까? 나에게 삶의 의미는 과연 무엇인가, 죽음을 앞두고 내게 맨 끝으로 남는 것은 무엇인가 하는 것이다. 죽음을 맞고 있는 사람은 거룩함을 체험한다. 때로는 믿음이 흔들리더라도 자신보다 더 큰 어떤 것과 맞닿는다. 더구나 그 내적 움직임이 아주 큰 나머지, 곁에 있는 이들까지 그 거룩함을 어렴풋이 알아챌 수 있을 정도다. 죽어 가는 사람은 죽음의 과정에 마음이 끌린다. 하지만 동시에 자신에게 일어날 일을 두려워한다. 임종자를 지켜보고 있으면 그가 자신의 삶을 완결 짓고 있다는 인상을 받게 된다. 임종자가 남아 있는 이들과 화해할 때, 그동안 자신을 지지해 주었고 이 순간도 지지해 주고 있는 것들에 대해 그들과 대화를 나눌 때 그런 완결 지음이 분명히 드러난다.

    모니카 렌츠는 쉬이 죽을 수 없는 이들을 거듭 목격했다. 그들은 미처 끝맺지 못한 내적 과제를 완결 지어야 할 것 같은 인상이다. 어떤 이들은 누군가와 화해해야 한다. 가족이나 친지를 용서할 준비가 되어 있지 않아 죽지 못하는 이들은 그들과 화해해야 비로소 편안히 잠들 수 있다. 실제로 임종의 자리에서는 뜻깊은 화해가 곧잘 일어난다. 지금껏 갈라서 있던 가족들이 아버지가 임종하는 자리에서 화해한다. 어머니와 복잡

한 관계를 맺고 있던 딸이 죽어 가는 어머니와 화해한다. 가족에게 폭군처럼 굴던 가장이 아내와 자식들에게 용서를 청하고 온화한 모습으로 죽는다. 만사를 손에 쥐고 통제하던 어머니가 하느님께 자신을 온전히 바치고 자식들을 손에서 놓으며 그분께 맡긴다.

죽어 가는 사람에게는 마지막 순간까지 곁에서 돌봐 줄 사람, 동반해 줄 사람이 필요하다. 죽음의 동반자는 그들이 쓰는 암호와도 같은 언어를 이해하는 법부터 배워야 한다. 그들은 상징적인 언어를 자주 쓴다. 그들의 영적 체험은 여러 상징으로 표현된다. 임종자가 가장 자주 언급하는 주제는 다음 네 가지다.

마감하기, 해결하기, 성숙하기 그리고 온전해짐

죽음을 앞둔 사람들 중에는 자기가 입고 있는 옷이 더럽다고 하거나 살고 있는 집이 너무 지저분해서 청소를 해야 한다고 말하는 이들이 있다. 오래된 것, 깨끗하지 않은 것, 처리되지 못한 것이 밖으로 드러나서 깨끗이 청소되고 정화되어야 한다. 많은 사람이 죽음을 정화의 과정으로 체험한다. 교회에서는 죽음 후에 '연옥'(purgatorium), 곧 '정화의 장소'가 있다고 하는데, 이 과정은 죽는 중에 이미 일어나고 있다. 임종자는 아직 할 일이 많이 남아 있다고 생각한다. 여태껏 속으로 억눌러 왔던 일들이 이제는 밖으로 솟아나서 그들은 직면하지 않을 도리가 없다. 특히 어린 시절과 청소년 시기에 겪은 체험들, 무엇보다 죄책감이 들었던 상황들이 떠오른다. 그들은 그 모든 것을 마주 봐야 하고, 또 하느님께 바쳐야 한다. 이때 그들에게 필요한 것은 그들이 털어놓는 말을 진지하게 받아들여 경청해 줄 사람, 상징적 언어를 쓰는 그들과 기꺼이 대화를 나눌 사람이다. 그들에게 죽음은 하나의 과제가 되는데, 끝내지 못한 일을 마저 해결하고, 때로는 지난 잘못을 바로잡아야 하는 것이다. 이러한 모습은 전형적인 것으로, 죽음의 동반자도 이를 간과하기보다 존중해야 한다.

지나가는 과정 그리고 변화

임종자는 자신의 죽음을 다른 세상으로 넘어가는 과정으로 체험한다. 인간의 의식은 죽음이 곧 끝이라고 생각한다. 하지만 우리는 무의식 속에서 죽음이 끝이 아니라 다른 세상으로 지나가는 과정이자 넘어가는 과정이며 우리의 근원을 향한 내적 변화라는 것을 알고 있다.

임종자는 이 과정을 다양한 표상으로 체험한다. 예를 들어 좁은 곳에서 탁 트인 곳으로, 어두운 곳에서 밝은 곳으로 넘어가는 표상이 있다. 많은 사람이 터널이나 좁은 통로를 지나가야 한다는 기분을 느끼는데, 이는 두려움을 일으킨다. 때로는 위협적인 존재에 맞서 싸워야 하는데, 어떤 끔찍한 대상을 지나가는 것도 두렵고 무서운 일이다. 이런 두려움은 불안이나 초조, 식은땀과 같은 육체적 증상으로 표현되기도 한다. 정화와 정련이란 표상도 흔히 경험한다. 우리가 영적 문헌을 보고 알게 된 표상 곧 불길, 지옥 같은 열기와 고통이 그것이다. 추락의 표상이 나타날 때도 있다. 임종자는 자신이 떨어지고 있음을 예감한다. 이럴 때는 임종자로 하여금 하느님의 자애로운 품속으로 떨어지고 있음을 깨닫게 해 주는 바람직한 표상이 필요하다.

'피에타', 곧 죽은 아들을 무릎 위에 누인 마리아가 그런 긍정적인 표상 중의 하나다. 피에타는 우리가 죽어서 가는 곳이 다름 아닌 어머니의 품과 같다는 것을 보여 준다. 여행의 표상을 떠올리는 이들도 있다. 그들은 항구를 떠나는 배 한 척을 이야기한다. 또는 여행을 떠나야 하니 신발과 양말이 필요하다거나 일요일에만 입는 좋은 옷을 입어야겠다고 하는 이들도 있다. 이럴 때는 임종자의 요구를 그대로 믿고 관심을 기울이는 것이 중요하다. 한 여자분이 죽기 전에 옷과 신발을 찾았다.

그러자 동반자가 "때가 되면 좋은 옷도 신발도 다 입혀 드리고 신겨 드릴게요" 하고 답했다. 그 말에 임종자는 마음이 평온해졌다. 또 어떤 이들은 무언가를 뚫고 지나가야 한다는 기분, 아니면 자기 주위에 쌓여 있는 것들을 삽으로 치워 가며 앞길을 터야 한다는 기분을 느낀다. 죽음을 탄생처럼 체험하는 이들도 있다. 그들은 자궁 속 태아처럼 온몸을 웅크린다. 새롭게 태어나기 위해 죽음의 좁은 산도産道를 통과해야 한다고 느끼는 것이다.

보호의 근원, 구원된 상태

적지 않은 임종자가 죽기 전에 안온히 보호받고 있는 상태에 들어간다. 자신을 어머니 자궁 속에 있는 아이로 체험한다. 낙원을 향한 동경은 자궁의 절대적 안온 속으로 돌아가고 싶은 동경과 같다. 그들은 죽음을 아름다운 고향으로 돌아가는 것으로 경험한다. 꽃들이 만발한 들판 위에 누워서 보호받고 받아들여지는 기분, 아무것도 판단받지 않는 기분을 느낀다. 어떤 이들은 하늘의 우산 속에 안전히 머물고 있는 것만 같다. 어머니의 외투에 감싸여 있는 것과 같다. 그들은 마리아 찬가를 즐겨 부른다. "마리아여, 당신 외투를 펼치사 저희를 위한 우산과 방패가 되게 하소서." 모니카 렌츠는 "오늘은 왜 우산을 가지고 오셨소?" 하고 묻는 여자분을 만난 적이 있다고 한다. 그분은 죽음을 어머니의 우산 아래 보호되는 일로 체험했던 모양이다. 한번은 내 친구가 어머니의 죽음에 대해 이야기를 해 주었다. 그 친구와 형제들은 어머니를 위해 「마리아여, 축복하소서」라는 노래를 불렀다. 그러자 그분이 눈을 떴다. 그분은 지지받고 있음을 느끼면서 마치 어머니 같은 하느님의 품에 당신을 내맡길 수 있었다. 이런 임종자는 자신의 죽음을 영원히 머물 수 있는 집, 늘 보호를 받는 집, 그분 품에 안겨 사랑을 받는 집으로 돌아가는 길로 체험한다.

환시, 종말의 예감 그리고 삶의 가치 인정

많은 임종자가 영적 체험을 한다. 그들은 어떤 거룩한 것을, 거룩하신 하느님을 가리키는 표상에 마음을 연다. 그들이 보는 환시는 낙원처럼 안전히 보호받고 있는 표상에 그치지 않는다. 그들의 환시는 최후를, 최후의 상태를 지향한다. 그들은 자신이 한 인격으로 존중받고 있으며, 또한 지금껏 이루어 온 여러 일도 가치를 인정받고 있다고 느낀다.

어떤 이들은 죽음을 맞이할 때 밝은 빛이나 금빛의 표상,

천상의 음악이나 천사의 노래 같은 표상을 체험한다. 그들은 천사들이 자신을 하늘나라로 데려가는 모습이나 먼저 죽은 친지들이 마중을 나온 모습을 본다. 또 어떤 이들은 그리스도께서 자신을 당신 집으로 데려가신다고, 그분께서 계시니 아쉬울 게 없다고 이야기한다. 이때는 요한 묵시록에도 선포되어 있는 여러 표상이 나타나는데 영원한 잔치, 거룩한 혼인 잔치, 태양이 만물을 밝게 비추는 천상 도시 등이 그것이다.

좁은 통로, 여행, 보호받음, 최후의 평화 등의 표상에 힘입어 임종자는 죽음의 과정이 요구하는 본질적 과제를 완수하게 된다. 삶에서 우리가 끊임없이 연습해야 할 최우선 과제이자 결정적 과제는 자신의 자아를 내려놓는 것이다. 많은 사람이 이 과제 앞에서 쩔쩔맨다. 모니카 렌츠는 임종자의 곁에 머물며 얻은 한 가지 경험을 이야기한다.

> 죽을병에 걸린 환자들 중에는 무슨 일이 있어도 자아 통제와 '나'란 존재를 꼭 붙잡고 놓지 않으려는 사람들이 있다. 그런 식으로 그들은 무력과 고통의 상태만 연장할 뿐이다(Renz 59).

그들은 자기 자신을 잃을까 봐 두려워한다. 그렇게 죽음의 과정에서 스스로가 걸림돌이 된다. 특히 평생을 자기 자신과 자기 감정을 통제하려 했던 이들은 임종 때 하느님의 품에 안

기기를 어려워한다. 그들은 어느 누구도 믿지 않는다. 사람도, 하느님도, 혹은 어떤 보편적 존재도 말이다. 그저 자신만 붙들고 있으려 할 뿐이다.

　죽음의 과정에는 흔히 큰 두려움이 놓여 있기 마련이다. 일단은 자신을 내려놓는 것부터 겁이 난다. 그런데 나 자신과 내 진실을, 곧 내 실제 모습을 마주하는 것에도 두려움을 느낀다. 어떤 이들은 "있는 그대로 내보이는 것, 열등한 모습을 보이는 것, 남에게 내맡겨지는 것"(같은 책 69)을 걱정한다. 죽음이 가까이 다가오면 "한 인간이 깊은 두려움에 평생을 도망 다녔다는 것"(같은 책 69)이 분명해진다. 임종자는 한평생 두려워해 온 것을 피해서 더 이상 자신을 감출 수 없다. 이제는 자신의 진실을 직면해야 한다. 이로써 자책과 실패, 심판에 대한 두려움이 올라온다. 때로는 구체적 이유를 알 수 없는 원초적 두려움이 일기도 한다. 벗어날 길이 없는 상황에 대한 최후의 두려움이다. 원초적 두려움은 곧잘 원초적 신뢰로 변화한다. 불현듯 보호받는 느낌, 든든한 기초 위에 서 있는 느낌, 결국 받아들여지고 사랑받는 느낌이 들게 된다. 스타니슬라프 그로프 Stanislav Grof에 따르면 최후의 심판에 대한, 곧 연옥과 지옥에 대한 불안과 공포는 "모든 문화에서 발견되는 임종 과정의 일부다. 이런 불안과 공포는 인간이 죽음을 눈앞에 두면 자신의 더 내밀한 진실을 직시하게 된다는 것을 보여 준다"(Renz, 같은 책

71에 인용). 자신의 진실을 직시하지 않고 그냥 지나치게 되면 하느님께 다가갈 수 없다는 것을 임종자는 분명 영혼으로 알고 있는 것 같다. 그들은 자기 진실과의 만남을 심판으로 체험한다. 그들의 인생이 하느님의 빛 안에서 판단되고 평가된다. 자신의 삶이 부정적으로 평가받을까 봐 근심하는 이들이 많다. 이런 근심은 1950년대에 만연한, 과도하게 지옥을 강조하는 설교가 초래한 결과일 뿐 아니라, 인간의 영혼에 깊이 뿌리내려 있는 것이기도 하다. 그래서 부활과 영생에 대한 선포는 이를 염두에 두고 진지하게 행해져야 한다.

죽음에 대한 두려움은 죽음과의 싸움으로 표현되곤 한다. 임종자는 자신이 무언가와 싸워야 한다는 느낌을 받는다. 동시에 그들은 싸움이 끝나면 해방이 오리라고 희망한다. 하지만 "해방 직전에 바로 파국이 닥칠 것만 같은 느낌이 들 때도 많다. 그래서 그들은 더는 이를 체험하지 않으려 한다. 하지만 바로 그럴 때 그만두면 결코 안 될 일이다"(같은 책 81). 이 같은 파국의 예감은 요한 묵시록의 표상으로 가장 잘 묘사할 수 있다. 해가 어두워지고 하늘에서 별들이 떨어지며 온갖 재앙이 땅 위로 번져 나간다. 메뚜기 떼가 모든 것을 먹어 치우려 하고, 말들의 입에서 불과 연기와 유황이 터져 나온다(묵시 9,17-18 참조). 한 마리 용이 아이를 삼키려 들기도 하는데, 영적 전통에서는 이 표상을 마리아와 예수님에 대한 것으로 해석한다(묵시 12,1-6 참조). 하지만 죽음의 과정에서 이 표상이 의미하는 바는 내면의 아이가, 곧 임종자 속에 있는 근원적 하느님상이 어둠에 의해, 죽음의 과정에서 생겨나는 위협적 요소에 의해 삼켜질지 모른다는 두려움이다. 요한 묵시록은 임종의 안내서로 이름 붙일 수 있다. 인간의 두려움을 언어와 표상으로 드러내 보인다. 하지만 더 나아가 요한 묵시록은 이 두려움 속으로 해방과 구원의 소식을 선포한다. 천사 미카엘이 임종자를 도우려고 올 것이며 뱀과 용 앞에서도 지켜 줄 것이라는 소식이다. 그러니 임종 전례에서 천사 미카엘을 망자를 거룩한 빛으로 인도할 기수로 찬미하는 것도 우연이 아니다. 임종자의 묵시론적 표상을 동반자가 진지하게 받아들이지 않을 경우 그들은 마음의 문을 닫는다. 그들은 이해받지 못한다고 느끼고, 그러면 그들의 두려움은 더 커진다.

렌츠는 환자들이 자신의 죽음을 묵시론적 표상을 통해 체험하는 이유를 세 가지로 나누어 설명한다.

첫째, 묵시론적 표상은 환자들이 어릴 적에 겪은 극단적 체험이 '정신적 외상'(trauma)으로 남게 된 상태의 표현이다. 정신적 외상은 죽음이 임박한 상황에서 더는 억압되거나 제어될 수 없다. 지난날 내적 갈등을 의미했던 것이 다시금 갈등으로서 체험되는 것이다. 둘째 이유는 집단의 영향, 부조화, 터부인데 이 역시 사소한 것으로 여길 수 없다. 환자들은 이 세 가지에 몹시 민감하다. 셋째, 그들은 죽음을 눈앞에 둔 상황에서 최종적인 영적 결단, 그리고 이른바 '귀신과 권세'의 영역에서 올바른 분별을 내리는 일을 중시하게 되는 것 같다(Renz 110).

이 세상에서는 선과 악 사이의 결단이 중요하다는 사실, 이 세상에는 선과 악의 경향과 생성과 파괴의 경향이 있다는 사실, 그리고 하느님을 향한 동경만 아니라 악의 현혹도 있다는 사실을 죽어 가는 사람은 살아 있는 사람보다 더 강렬하게 체험한다. 이처럼 그들은 자신의 실존을 결단으로 체험한다. 그들이 결단의 과정에서 언어와 표상, 내밀한 신호로 드러내는 것들에 대해 우리는 관심을 기울여야 한다. 또한 그들을 위해 그들과 함께 기도를 바쳐야 한다. 그렇게 그들을 지지하고 도와줘야 한다.

만약 나라면 임종자를 돌볼 때 그들에게 요한 묵시록의 무서운 표상들을 따로 읽어 주지는 않을 것이다. 하지만 임종자의 곁을 지키는 사람이 그 표상들을 염두에 두는 것은 좋겠다. 그래야 그들의 내면에서 일어나는 일들을 이해할 수 있다. 또 그래야 그들이 품고 있는 표상들 한가운데로 성경의 마지막 책에 실린 위로의 표상들을 읽어 넣어 줄 수 있다.

어린양의 혼인날이 되어

그분의 신부는 몸단장을 끝냈다.

그 신부는 빛나고 깨끗한

고운 아마포 옷을 입는 특권을 받았다(묵시 19,7-8).

혹은 21장의 아름다운 구절을 읽어 줄 수도 있다.

보라, 이제 하느님의 거처는 사람들 가운데에 있다.

하느님께서 사람들과 함께 거처하시고

그들은 하느님의 백성이 될 것이다.

하느님 친히 그들의 하느님으로서

그들과 함께 계시고

그들의 눈에서 모든 눈물을 닦아 주실 것이다.

다시는 죽음이 없고

다시는 슬픔도 울부짖음도 괴로움도 없을 것이다.

이전 것들이 사라져 버렸기 때문이다(묵시 21,3-4).

옛 교회 건축물의 반원형 벽감에 그려진 천상의 도시 예루살렘은, 우리 내면의 모든 혼돈이 정돈될 것이고, 유랑에서 벗어나 아름다운 도시에서 안전히 보호받을 것이며, 어둠이 물러나고 그 자리에 빛이 들어설 것이라는 약속이다. 임종자가 죽음에 대한 두려움이란 표상만 가지고 있는 것은 아니다. 임종자의 곁을 지키고 있을 때 우리는 그들이 이미 저세상에 가 있으며, 묵시록의 예언자가 본 것을 지금 그들이 보고 있다는 인상을 받는다. 그런데 묵시록에서와 마찬가지로 '너무 끔찍하면서도 또 놀랍도록 아름다운' 그 표상들은 한순간에 그들의 마음속에 연달아 올라오거나 동시에 나타나는 경우가 많다. 우리는 두 가지 성격의 표상을 전부 다 존중해야 하고 하찮게 여기면 안 될 것이다. 아니면 우리는 그들의 체험이 가진 중요성을 제대로 판단하지 못한다.

때때로 죽음에 대한 두려움은 자신의 삶에 대한 결정권을 내려놓고 죽음에, 결국에는 하느님께 자신을 온전히 내맡기는 것에 대한 두려움이다. 자기 자신, 자신의 결정권, 자신의 통제권에 끈덕지게 집착하면 할수록 죽는 과정은 그만큼 더 길고 고통스럽다. 이런 사람들은 "불화를 퍼뜨린다. 또 마치 지배를 당하고 있는 것만 같은 부자유를 퍼뜨린다. 그런 환자들은 거기에 무의식적으로 반응하는 간호자들에게 어려운 문제가 된다"(Renz 97). 간호자들은 환자들이 자신의 결정권을 단념하지 않으며, 할 수만 있다면 자신들까지 지배하려 한다는 사실을 깨닫는다.

결정권을 내려놓고 자신을 온전히 맡길 때 임종자는 죽음을 통해 영적으로 열리는 체험을 한다. 우리는 그들의 요구를 제대로 이해하기 위해 죽음의 영적 차원 역시 진지하게 받아들여야 한다.

> 꿈의 종교적 차원이나 영성을 향한 동경이 진정한 것으로 여겨지지 않는 곳에서는 임종자가 내적 지원 없이 죽음 앞에 서야 한다. 실은 유일하게 도움이 되는 것이 바로 내적 지원인데도 그렇다. 영성이 삶 속에서 실천되지 않고, 또 허용되지 않으며, 이해받지도 못하는 곳에서는 환자들이 우울증에 시달린다는 사실을 나는 적잖이 목격했다. 이것은 병원 밖에서도 마찬가지다(같은 책 148).

중요한 것은 임종자에게 경건한 말을 해 준다거나, 심지어 그런 말로 죽음의 무게를 감춰 버리는 것이 아니다. 그들이 영적 표상이나 언어를 쓸 때 우리는 섬세히 반응해야 한다. 그들은 상처를 받을까 봐 아주 조심스레 말을 꺼내고는 한다. 우리는 그들의 말을 받아들이고 관심을 기울임으로써 그들이 자신의 감정을 신뢰할 수 있게 도와준다. 영적 전통은 임종 때 바치는 기도를 만들었다. 이런 기도는 자신의 체험을 언어로 표현하는 데 도움이 된다. 임종 때 우리가 읽어 주는 시편이나 기도는 임종자가 겪고 있는 것을 표상들을 통해 묘사하는데, 이 표상들이 그들의 체험을 포착해서 변화시킨다.

임종자 중에서 많은 사람이 죽기 전 마지막 나날을 영적 열림 외에도 더 성숙해지는 시간, 더 온전해지는 시간으로 체험한다. 그들은 이 시기에 자신의 어두운 측면과 마주 선다. 가령 늘 올바르고 흠잡을 데 없이 살아온 사람이 임종 직전에야 자신의 번듯한 껍데기 뒤에 충동과 욕구가 억눌려 있음을 깨닫는다. 하느님께 자신을 내맡기려면 자신의 고결한 모습까지 놓아 버려야 한다. 많은 사람이 자아에 도취되어 있다. 그들에게 죽음은 자아도취에 대한 모욕이다. 우리 인간이 양지와 음지, 성공과 실패를 둘 다 안고 산다는 사실을 인정하는 데는 겸손이 필요하다. 죽음의 과정에서는 그전까지 억압되어 있던 것들이 밖으로 드러난다. 그래서 적잖은 이들이 이를 보고 힘들어하게 되고, 당사자는 남들 앞에서 굳건히 지켜 온 자아상을 내려놓아야 한다. 모니카 렌츠는 내려놓는 것만 아니라 내바치는 것 또한 중요하다고 말한다. 임종자는 "자신이 남들의 모범이요 영웅이라는 자아상, 다시 말해 자신은 남들보다 도덕적으로 우월하다는 자부심을 내바쳐야 한다. 그러면 자신은 좋은 사람이라는 사고 속에 경직되어 있던 사람이 부드러워지고 새로이 사랑할 능력을 갖추게 된다"(같은 책 166). 죽을 때가 되면 우리의 영성이 진짜였는지, 아니면 그저 가면에 불과했는지 분명히 드러난다. 또한 우리의 어두운 면을 경건한 말과 영적인 행동으로 숨겨 왔는지, 아니면 영성의 길을 걸으며 우리의 진실한 모습을 하느님께 보여 드렸는지 전부 다 드러난다. 우리가 아직 들여다본 적 없는 모든 것이 죽음의 과정에서 환한 빛 속으로 올라온다. 그래야 그 모든 것이 하느님의 빛에 의해 변화될 수 있기 때문이다.

인간이 성숙할 수 있는 또 한 가지 가능성은 임종자가 자기 내면의 어린아이와 접촉하는 것이다. 인간은 자기 내면에 있는 상처 입은 아이, 그리고 하느님의 아이와 만나야 한다. 상처 입지 않은 온전한 아이는 어릴 때 받은 심리적 충격으로 마음의 상처가 깊을 경우 내면 속에 갇혀 버린다. 이 상처 입지 않은 본래의 아이를 자신의 내면에서 다시 발견하는 것이 중요하다. 정신적 상처가 깊은 사람이 세상을 떠나면, 사람들은 그 사람이 죽음을 통해 고통에서 구원되었다고 생각한다. 하지만 죽음은 고통을 단절하기 때문에 구원인 것이 아니다. 죽음의 과정이 오래된 정신적 상처를 풀어 주기 때문에 구원이다. 내면에 갇혀 있는 아이를 되살리는 이 과정은 고통스럽다. 하지만 인간이 진정으로 구원되어 죽으려면 이 과정이 먼저 이루어져야 한다.

죽음의 과정에서 거듭 등장하는 또 한 가지 주제가 있는데, 바로 죄이다. 억압된 죄는 인간을 무감각하고 완고하게 만든다. "가혹한 목소리, 가차 없는 말, 일그러진 표정, 경직된 근육, 삶에 대한 끈덕진 집착, 긴장으로 인한 심한 통증"(같은 책

175)이 그것이다. 인간은 용기를 내서 자신을 자각하고 자신의 죄를 알아채야 비로소 그 죄를 하느님의 자비에 바칠 수 있다. 또 그래야 비로소 자신에게 상처를 준 이들을 용서할 수 있다. 어떤 이들은 자신이 죄를 지은 자식이나 지금껏 없는 셈 치고 살아온 자식과 죽을 때가 되어서야 끝내 화해하곤 한다. 임종자는 자신의 죄로 인한 고난을 처음부터 끝까지 다시금 겪고 나면 내적 해방과 깊은 평화를 체험한다. 그들은 하느님의 자비에 자신을 온전히 맡길 수 있다. 그들은 자신의 죄가 용서되는 것을 체험한다. 자기 자신을 용서하고, 자신이 죄를 저지른 피해자나 자신에게 죄를 저지른 가해자를 용서할 능력을 얻는다. 임종자가 자신의 죄를 직면하게 하기 위해 우리는 그들과 함께 죄의 용서에 대한 기도를 바쳐야 한다. 가령 시편 51장이 있다.

> 하느님, 당신 자애에 따라 저를 불쌍히 여기소서.
> 당신의 크신 자비에 따라 저의 죄악을 지워 주소서.
> 저의 죄에서 저를 말끔히 씻으시고
> 저의 잘못에서 저를 깨끗이 하소서.
> […]
> 하느님, 깨끗한 마음을 제게 만들어 주시고
> 굳건한 영을 제 안에 새롭게 하소서(시편 51,3-4.12).

어떤 사람들은 참회를 주제로 하는 이 시편을 어떻게 받아들여야 할지 몰라 어려워한다. 죄에 대한 말씀이 너무 많이 들어 있다는 것이 그들의 생각이다. 그럼에도 임종자는 죄와 용서에 대한 이 전형적 표상들 가운데서 자신을 재발견할 수 있으며, 또 이해받고 있음을 느낄 수 있다. 그리하여 그 사람은 자신을 억누르는 모든 것과 더불어 자기 자신을 하느님의 자비로운 손에 맡길 수 있다.

죽음의 과정은 삶의 완성이다. 살아오면서 억압되었던 모든 것이 고개를 쳐든다. 한 사람이 사는 동안 거부해 왔던 내적 발전 과정은 분명 만회되어야 한다. 이 과정에서 임종자는 죄에 대한 책임을 짊어진다. 그리고 집착은 이제까지 살아오며 타인들에게 내보였던 자아상을 내려놓는 행위, 봉헌하는 행위로 변화한다. 죽음의 과정에서 핵심이 되는 것은 인간의 진실이다. 내적 진실을 흠잡을 데 없는 겉모습 뒤로 숨겨 왔던 모든 방어기제가 해체된다. 많은 사람이 그래서 죽음을 무서워한다. 임종자는 자신의 진실을 가지고 하느님을 만나는 데서 그치지 않는다. 죽음의 길에서 함께 걸어 주는 이들에게도, 동반자에게도 자신을 보여 주게 된다. 이 역시 많은 사람이 괴로워하는 일이며 모욕적으로 여기는 일이다. 그들은 더 이상 스스로를 마음대로 통제할 수 없다. 자신들의 단정하고 흠 없는 모습을 더는 고수할 수 없다. 이제 모든 것이 훤히 드러난다. 따라서 동반자에게는 아주 섬세한 감수성이 필요하며, 판단하지 않는 자세와 너그럽게 공감하는 자세가 요구된다.

더러는 자신이 언제 죽을지 미리 알고 있는 이들도 있다. 그들은 "나는 오늘 죽을 거예요"라고 말한다. 우리는 이런 말을 늘 진지하게 받아들여야 한다. 그들은 상징적 언어로 말하고는 한다. 한 남자분이 지갑 속에 십 마르크나 십이 마르크밖에 없다며 돈이 더 필요하다고 말했다. 그의 부인은 이 말을 진담으로 받아들여 지갑에 돈을 넣어 주었다. 그로부터 열흘 뒤 그에게 죽음의 과정이 시작되었고 다시 열이틀 뒤 그는 죽었다. 이런 예감은 어떻게 설명할 길이 없다. 임종자에게는 머지않아 곧 끝날 것임을 느낄 수 있는 내적 감각이 있는 모양이다. 어쩌면 임종자가 죽음의 과정에 무의식적으로 영향을 미친 것일 수도 있다. 임종자의 내면에서 세상을 떠나기로 결정한 것이다.

임종자가 죽음의 시간에 영향을 미치는 현상이 있는데, 우리는 이를 자녀들이 오는 일에서 관찰할 수 있다. 어떤 아버지나 어머니는 먼 나라에서 살고 있는 자녀가 임종의 자리에 올 때까지 기다린다. 자녀가 오고 나면 그들은 아주 평온하게 죽음을 맞는다. 어떤 이들은 가족들이 방에서 나갈 때까지 기다리고서 죽는다. 또 어떤 이들은 죽음의 순간에 배우자가 곁에서 그 모습을 지켜보는 것을 원하지 않는다. 그래서 배우자가 방에서 나가는 그 순간 죽음에 이른다. 결혼 생활에서 주도적 역할을 했던 한 부인은 남편 앞에서 약한 모습을 보이기 싫어했다. 그녀는 남편이 자리를 비운 사이에 죽었다. 남편을 잃고 혼자가 되어 평생 모든 것을 홀로 결정해야 했던 한 여자분은 자녀들이 따로 상의할 일이 있어 방을 나갈 때까지 기다리고 있다가 죽었다. 이런 일을 보면 때로는 죽음에도 내적 주도권과 자기 결정권이 있는 모양이다. 물론 뜻밖의 사고나 뇌졸중, 심장마비처럼 죽음이 밖으로부터 들이닥칠 때는 불가능한 일이다.

중증 질환에 걸린 사람들이 죽고 싶어 하는 경우는 비일비재하다. 그런데도 그들은 죽을 수가 없다. 그들은 자신이 남들에게 무거운 짐이 되고 있다고 느낀다. 날로 쇠약해져 가던 한 여자분은 그녀를 돌보던 사목자에게 하느님께서 왜 자신을 데려가시지 않느냐고 물었다. "좀 데려가 달라고 늘 간청하는데도 그분께서는 그러시지 않습니다. 왜일까요?"(Tausch-Flammer 51). 그녀가 죽을 때가 되었다는 것은 곁에 있는 사목자도 잘 알고 있다. 그녀는 기력이 다 떨어져 있으며 죽음을 향해 가고 있다. 그럼에도 그 과정은 자꾸만 늦춰진다. 죽음이 다가올 생각을 않는다.

우리는 죽음이 자꾸만 지연되는 이런 현상을 성급히 해석하면 안 된다. 물론 죽음의 동반자라면 임종자에게 아직 놓아

버리지 못한 것이 남아 있는 것은 아닌지 생각하기 마련이다. 죽고 싶은 바람이 '지금 이대로는 살고 싶지 않다. 차라리 죽고 싶다. 다른 사람에게 짐이 될 뿐이다'라는 생각에서 주로 나왔다면 죽음이 지연될 수도 있다. 그러나 죽음을 맞기 위해서는 이런 생각을 잠시 멈추고 중요한 주제를 살펴봐야 할 것이다. 또는 임종자가 머리로는 죽고 싶어 해도 가슴이 따라 주지 않을 수도 있다.

모니카 렌츠는 죽음을 바라던 한 남자를 곁에서 돌보았다. 병석을 지키고 있던 이들은 그가 죽음의 길 위에 서 있으며 죽음에 다가가고 있다고 느꼈다. 그는 온몸이 땀에 젖어 있었다. "위험해, 위험하다고!"라고 그는 점점 더 절망적으로 외쳤다. 이틀 뒤 그는 침대 끄트머리에 앉아 말했다. "끝내 죽지 못했습니다." 그와 대화를 나눈 뒤 렌츠는 알게 되었다. 그는 죽음으로 내딛는 발걸음, 그 위태로운 발걸음이 무서워서 결국 되돌아왔다. "당신은 할 수 있습니다. 당신은 소중한 사람입니다. 시험을 잘 치러 낼 것입니다" 하고 주위 사람들이 용기를 북돋아 주자 비로소 그는 죽음을 감당할 수 있었다. 그 남자는 아내가 겨우 몇 분 동안 병실을 비운 사이 세상을 떠났다. 자신이 시험을 제대로 치러 낼 수 있을지 누군가 옆에서 지켜보는 것을 원하지 않았던 것이다.

러시아의 문호 레프 톨스토이는 1886년에 발표한 소설

『이반 일리치의 죽음』에서 평생 동안 짠 거짓말의 그물이 심각한 병으로 인해 갈가리 찢길 수 있음을 인상 깊게 묘사한다.

톨스토이는 불치의 암에 걸린 명망 있는 판사 이반 일리치 골로빈의 삶과 죽음에 대해 이야기한다. 병이 악화될수록 골로빈은 자기 자신과 여태껏 살아온 자기 인생에 대해, 그리고 가장 가까운 가족과 친지와의 관계에 대해 더 진실해지는 경험을 한다 (Mettner 205).

자신의 진실대로 살지 못하고 그 진실을 지나쳐 오기만 했음을, 여태껏 소홀히 한 일이 얼마나 많았나를 이반 일리치는 목숨을 위협하는 질병 앞에서 점점 더 분명히 의식한다. 겉으로는 참으로 단정하고 예의 바른 자신의 삶이 실은 얼마나 가련하고 도취적이었으며 속물스럽고 피상적이었나 깨닫는다. 그는 자기만을 위해 살았으며 자기 아내나 딸들과 진정한 관계를 맺는 일에는 관심이 없었다. 그는 삶을 들여다보며 자기가 고독하고 완전히 혼자라는 사실을 알게 된다.

그러나 맨 마지막에, 호흡의 절반밖에 안 되는 짧은 순간에 이반 일리치는 구원을, 살아 내지 못한 삶, 결국 놓쳐 버린 삶으로부터의 해방을 경험한다. 그는 자신의 실존이 평생에 걸친 죽음이었고, 임종은 고독과 거짓과 죽음에 대해 어떤 두려움도 없는 삶의 시작이라는 것을 깨닫는다(Mettner 206).

톨스토이가 이 작품에서 탁월하게 이야기한 바는 오늘날도 누군가의 죽음에서 얼마든지 일어나는 일이다. 살아 내지 못한 삶, 놓쳐 버린 삶이 쌓아 올린 거짓의 구조가 무너지고 하느님 안에서의 삶을 향한 희망이 빛을 발하는 것이다.

임종자를
돌보는 일

호스피스 운동은 사람들이 죽음을 심리적으로 억압하고 있음을 인식하고 그 억압된 상태로부터 죽음을 해방했다. 죽음을 억압하는 태도가 이 사회에 좋지 않은 영향을 미친다는 사실을 깨달은 것이다. 많은 사람이 호스피스 운동에 적극적으로 참여하여 죽어 가는 이들을 돌보고 있다. 그들은 죽어 가는 이들을 홀로 버려두지 않는다. 임종자는 때때로 절망에 빠져 있거나 공격적일 수 있다. 죽음에 저항하고 하느님에 대해서는 어떤 말도 듣지 않으며 신앙의 말 역시 절대로 들으려 하지 않는 이들도 있다. 호스피스 동반자는 그럼에도 그런 임종자를 용기 있게 돕는 사람들이다. 그들은 임종자를 떠나보내는 과정에서 그 가족들을 배제하려 하지 않는다. 오히려 가족들이 죽음의 무게에 짓눌려 힘겨워할 때 지지하려 한다. 그들은 가족 중 한 사람이 죽음 앞에 서 있을 때 다른 가족들이 그 과정을 지키고 견디는 것을 도와준다. 어머니나 아버지, 혹은 자녀가 죽음에 이를 때 많은 사람이 너무 당황해서 어쩔 줄 몰라 하기 때문이다. 그들의 내면에는 죽음을 바라보지 않고 회피하는 경향이 있다. 그들은 죽음을 직면하는 것을 두려워한다. 그리고 한 사람이 죽어 갈 때 곁에서 지켜보며 돌본 경험이 한 번도 없는 경우가 허다하다. 그래서 그들은 어떤 일이 일어날지 몰라 긴장 상태에 놓여 있기 마련이다. 호스피스 동반자는 임종자의 곁을 떠나지 말고 지켜보라고, 함께 대화를 나누고 손을 잡아 주라고 그 가족들에게 용기를 불어넣는다. 동반자는 가족들이 임종자 곁을 끝까지 지키면 스스로 큰 은혜를 받을 것임을, 임종자와의 관계가 더 깊어질 것임을 알기를 원한다.

임종자를 돌보려 할 때는 연민에 찬 마음으로 곁을 지키고 앉아 그가 혼자 죽게 두지 않는 것만으로 충분하지 않다. 한 사람이 죽어 갈 때 그 내면에 어떤 일이 일어나는지 알아차릴 수 있는 섬세한 감각이 필요하다. 죽어 가는 사람이 견뎌 내야 할 위기와 힘겨운 씨름에 대한 지식도 필요하다. 그리고 죽어 가는 사람의 내면에 떠오르는 표상에 대한 열린 마음도 중요하다. 임종자의 곁을 지키는 사람은 그가 말하는 표상과 죽음에 대한 반응을 진지하게 받아들여야 한다. 모든 것이 그리 나쁘지만은 않다는 식으로 달래는 행동은 아무런 도움이 되지 않는다.

우리는 자신의 죽음이란 문제를 가지고 씨름해 보아야 임종자의 훌륭한 동반자가 될 수 있다. 한 사람의 죽음은 늘 우리 자신의 죽음을 성찰하게 하는 법이다. 따라서 임종자는 우리에게 다음과 같은 질문을 던지는 셈이다. 언젠가 죽을 때 나는 어떤 처지에 놓이는가? 삶이 유한하다면 나는 과연 누구인가? 죽음은 나의 삶과 현재 내 삶의 척도를 얼마나 상대화할 것인가? 삶에 대한 통제권을 손에서 놓으면 과연 내 안에는 어떤 생각과 감정이 올라올 것인가? 예의 바르고 단정한 나의 겉모습 뒤에는 어떤 어두운 측면이 숨어 있는가? 동반자는 자신의 죽음을 피하지 않고 직시할 때 임종자가 보여 주는 것을 열린 마음으로 받아들일 수 있다. 죽음에 대한 선입관을, 자신이 사랑하는 사람은 이러저러하게 죽어야 한다는 기대를 버리게 된다. 그리고 자신이 관찰하는 바에 반응하게 된다. 동반자는, 임종자가 바로 지금 체험하고 있는 온갖 위기와 고투의 시간을 임종자와 더불어 끝까지 견뎌 낼 준비를 갖추게 된다.

호스피스 운동은 중세 순례자를 위한 숙소인 '호스피스'(Hospiz)에서 그 이름을 따왔다. 이런 호스피스는 수도자들이 운영했다.

그들은 가난한 이들을 맞아들였고 병든 이들과 죽어 가는 이들을 돌보았으며 거룩한 땅 이스라엘로 순례하는 이들에게 숙소를 제공했다. 그러니까 호스피스는 나그네와 곤경에 빠진 모든 사람에게 열려 있었다. 그곳에서는 모든 사람을 안전히 보호하고 기운을 북돋우며 치유해 주려고 노력했다(Tausch-Flammer 179).

따라서 호스피스 운동은 임종자에게 안전히 보호받는 공간을 마련해 주려 한다. 삶의 완성을 향해 가고 있는 임종자는 이 휴식처에서 잠시 걸음을 멈추고 다른 사람과 함께 자신이 가고 있는 길에 대해 이야기를 나눌 수 있다.

호스피스 운동의 목표는 사람들이 집에서 죽을 수 있게 해 주고 죽음에 이르는 시간이 삶의 시간이 될 수 있도록 돕는 것이다(같은 책 179-180).

호스피스 운동의 창립자는 영국의 간호사이자 의사인 시슬리 손더스Cicely Saunders이다. 손더스가 어느 임종자에게 건넨 아주 유명한 한마디가 있는데, 여기에 호스피스 활동의 취지가 분명히 담겨 있다.

당신은 당신이기 때문에 소중합니다. 당신은 생의 마지막 순간까지 소중한 분이지요. 우리는 당신이 평화롭게 죽을 수 있을

뿐 아니라 마지막 순간까지 살 수 있도록 온 힘을 다할 겁니다
(Schmitt-Mannhart 266).

이는 무엇보다 중증 환자나 치매 환자에게 해당되는 말이다. 오늘날 의사들은 이런 환자들이 더는 치유될 수 없다고 여기고 아무런 관심도 기울이지 않는다. 그러나 다름 아닌 이런 환자들을 우리는 돌보아야 한다. 호스피스 운동은 모든 인간의 존엄을 새롭게 제시했고 이 사회에 만연한 여러 선입견을 걷어냈다. 가령 치매에 걸린 사람의 삶은 볼품없는 삶이라는 선입견이 있다.

가장 무가치한 형태의 죽음은 모든 사람으로부터 버림받은 상태로 죽는 죽음이다!(같은 책 268).

호스피스 운동은 중세의 '죽음의 기술'(ars moriendi)을 재발견했다. 중세에는 임종자를 돌보는 일에 대한 책이 수없이 많았다. 그중에서도 장 제르송Jean Gerson의 작은 책자가 유명하다. 이 책은 죽음에 대한 묵상과 임종자에 대한 위로를 담고 있으며, 임종자에게 자신의 죄를 반성하고 원수와 화해할 것을 타이른다. 또한 캔터베리의 안셀무스Anselm von Canterbury의 임종 기도가 실려 있는데, 임종자는 이 기도를 통해 신뢰의 마음

가짐을 속 깊이 묵상해야 한다. 이 책에 따르면 임종자는 친교 안에서 죽음을 체험해야 한다. 임종자는 다른 이들과의 단단한 결속을 출발점으로 삼아, 죽음의 고독한 문을 통과하고, 영원한 생명이라는 새로운 친교로 걸어 들어가야 한다. 여기서 무엇보다 중요한 것은 우선 자신의 삶, 자신의 죄와의 화해이고, 그다음은 우리의 가련한 삶을 받아들이고 구원하시는 하느님에 대한 신뢰이다.

아무런 두려움 없이 하느님 손안에 떨어지는 데 도움이 되는 중요한 표상이 있는데 곧 피에타이다. 하느님의 어머니 마리아가 죽은 아들을 품에 안고 있다. 이 표상은 특히 흑사병이 창궐하던 시기에 많은 사람에게 희망을 안겨 주었다. 당시에는 죽음이 늘 문 앞에 도사리고 있었다. 굳건한 믿음이 있더라도 미지의 죽음이 두려운 사람은 피에타를 묵상해야 한다. 이로써 우리가 죽으면 어머니 품에 안긴다는 믿음을 키워야 한다. 죽음은 어떤 끔찍한 것이 아니다. 새로운 탄생이다.

묵주기도는 당시에도 죽음을 연습하는 기도였다. 묵주기도는 우리가 죽으면 낯선 공포 속으로 떨어지는 게 아니라, 하느님의 자애로운 품에 안겨 들어간다는 믿음의 표현이다. "천주의 성모 마리아여, 이제와 저희 죽을 때에 저희 죄인을 위하여 빌어 주소서. 아멘"이라고 기도문을 오십 번 외고 나면 죽음이 '어머니', '새로운 탄생', '자애로운 하느님', 그리고 '그분 안에서의 새로워짐'과 관계되어 있음을 어렴풋이 깨닫게 된다.

임종자에게 도움이 되는 표상이 하나 더 있다. 천사가 죽은 이를 받쳐 들고 죽음의 문턱을 넘어서 하느님의 자애로운 품에 내려놓는 표상이다. 이 표상은 임종자만 아니라 동반자에게도 도움이 된다. 하필 곁을 비웠을 때 임종자가 죽게 되면 동반자는 죄책감을 갖기 마련이다. 하지만 그 누구도 홀로 죽지 않는다. 한 사람의 곁에는 늘 천사가 있다. 그리고 때로는 아무도 곁에 없는 순간을 일부러 택해서 죽는 사람도 있다. 특히 가족들과 동반자가 자신을 놓아주지 못한다고 느낄 경우 임종자는 아무도 곁에 없을 때 세상을 떠난다. 이런 경우 그들에게는 떠나기 위해 홀로 있을 시간이 필요하다. 그때 그들은 가족만 아니라 천사 역시 자신과 동행한다고 느낀다. 어떤 이들은 자신과 동행하는 천사를 빛이라는 현상으로 체험한다. 또 어떤 이들은 먼저 죽은 어머니나 아버지, 딸이 자신을 데려가려고, 죽음의 문턱을 넘어 빛 속으로 동행하려고 천사가 되어 온다는 느낌을 받는다.

임종자 돌봄의 또 다른 측면으로는 함께 기도하는 것이 있다. 그런데 이는 아주 조심스레 행해져야 한다. 우리는 임종자에게 그 어떤 기도도 강요하면 안 된다. 다만 동반자가 임종자에게 그와 함께, 그리고 그를 위해 기도해도 되겠냐고 묻는 것은 바람직하다. 기도를 바치고 싶어도 잘 바칠 수 없는 임종자도 많다. 하지만 동반자가 주님의 기도나 묵주기도를 천천히 바치기 시작하면 임종자의 입술도 같이 움직인다. 혹은 견진성사 때 불렀던 성가나 찬가를 불러 주면 표정이 밝아진다. 어떨 때는 치매에 걸린 이들까지 함께 노래를 부른다. 노래는 분위기를 완화하고 긴장을 풀어 주며 임종자로 하여금 자신의 근원적 신앙과 만나게 해 준다.

임종자 중에는 묵주기도가 좋아서 지금껏 열심히 바쳐 온 사람들이 있다. 그런데 죽기 바로 전인 지금은 이 기도를 외지 못한다. 이때는 다른 이들이 묵주기도를 대신 바쳐 주면 기뻐한다. 다른 이들이 자신을 위해 해 주는 이 기도가 자신을 붙잡아 주고 있는 느낌을 받기 때문이다. 가끔은 임종자가 더 이상 기도할 수 없다고 말하지만 이 말이 하느님으로부터 등을 돌렸다는 뜻은 아니다. 자식과 손주를 위해 매일 두 번씩 묵주기도를 올렸던 내 어머니는 세상을 떠나기 이 주 전에 더는 안 되겠노라고, 기도를 제대로 욀 수 없노라고 말했다. 하지만 어머니는 덧붙여 말했다. "하느님께서는 그냥 '네'라고만 말씀드려도 만족하실 거야. '네, 당신 뜻대로 이루어지소서'라고 말이야." 어머니는 기도를 단념한 것이 아니라 가장 본질적인 것으로 함축했다. 곧 하느님의 의지에 전부 다 맡기는 것이다.

요즘에는 임종자를 인도적·종교적으로 돌보려고 하는 새로운 움직임을 여기저기서 볼 수 있다. 호스피스 운동뿐 아니라 완화의료 병동에서도 이 일이 이루어지고 있다. 이런 곳에서는 임종자는 물론이고 동반자 역시 중요한 영적 체험의 특권을 누린다. 임종자와 동반자 둘 다 자신을 위해 죽음의 신비를 재발견할 수 있다. 임종자를 돌보면서 경험하는 여러 형태의 죽음은 나 자신의 죽음에 대해 성찰할 것을 요청한다. 나는 어떤 모습으로 죽기를 바라는가? 사람은 누구나 다 평화롭게 죽고 싶어 한다. 같이 살아온 이들과 화목한 상태에서 죽기를 원한다. 그리고 누구나 다 존엄한 죽음을 위해 마지막 순간까지 깨어 있기를 바란다.

그러나 어떻게 죽을지를 우리 마음대로 선택할 수는 없다. 우리 역시 단말마의 고통을 겪지 않으리라는 보장이 어디 있겠는가? 마지막까지 감내해야 할 영적 과정 때문에, 혹은 우리가 좌우할 수 없는 육체적 과정 때문에 죽음과의 싸움을 치러야 할지도 모른다.

임종자 돌봄에 대한 초기 연구자 중 한 사람으로 스위스 출신 의사 엘리자베스 퀴블러-로스Elisabeth Kübler-Ross가 있다. 퀴블러-로스는 '부정', '분노', '협상', '우울'을 거쳐 '수용'에 이르는 죽음 5단계를 서술했다. 임종자의 저항과 슬픔과 분노를 곁에서 함께 견뎌 주는 사람은 때로는 행복도 맛볼 자격이 있다. 그런 사람은 죽음을 수용하면 얼마나 많은 축복이 쏟아지는지 깨달을 자격이 있다. 여기서 중요한 것은 죽음의 단계를 건너뛰지 않는 것이다. 임종자가 자신의 죽음을 믿으려 하지 않을 때 우리는 이를 견뎌 줘야 한다. 죽음을 직면하라고 강요하는 것은 무의미하다. 임종자가 죽음을 받아들이고 그에 대해 말할 수 있을 때까지는 대개 오랜 시간이 필요하다.

임종자의 곁을 지키는 일은 예부터 진정한 삶의 경험에 속한다. 또한 인간이 인간답게 죽는 문화에 속한다. 오늘날 사람들은 죽음에 대한 생각을 억압하며, 병원에서는 죽어 가는 사람을 외면하기 일쑤다. 그런데 동시에 인간다운 죽음이 중요하다는 사실, 임종자를 돌보는 일이 필요하다는 사실을 자각하는 사람이 늘어나고 있다. 임종자를 돌보면 임종자만 아니라 그 동반자도 변화한다. 정작 나 자신이 목숨이 위태로운 병에 걸리면 어떻게 반응할지, 정말 모든 것을 내려놓을지, 그리고 무엇을 정리하고 해결하고 싶을지 등의 물음을 마주하기 때문이다.

죽음이 던지는 물음을 회피하지 않고 직시하면 동반자는 임종자의 마음을 움직이는 문제에 대해서도 감각이 예민해진다. 이때 동반자는 죽음의 과정이란 이러저러하게 흘러가야 한다는 자신의 고정관념을 버려야 한다. 죽음의 과정은 저마다 그 나름으로 하나의 신비다. 죽음은 누구의 죽음이든 저마다 다르다. 우리는 어떤 형태의 죽음이든 아무런 판단 없이 나름의 가치를 인정해야 한다. 누구나 자신만의 죽음을 맞는다.

그리고 우리는 그들이 스스로 원하는 대로 죽을 수 있도록 그대로 두어야 한다. 우리의 과제는 가치판단 없이 그들의 곁을 지키는 것, 그들을 도와주고 그들이 마음껏 말할 수 있는 자리를 마련해 주는 것이다.

동반자는 임종자가 근본적인 물음에 답을 얻을 수 있도록 준비시켜 줘야 한다는 강박에서 벗어나야 한다. 동반자는 그저 임종자가 하는 말에 귀를 기울이며 곁에 머물러 줘야 한다. 때가 되면 그들은 죽음이 가까이 왔음을 알고 있다는 암시를 줄 것이다. 만약 이 사실을 심리적으로 억압하고 있더라도 살날이 얼마 남지 않았다고 억지로 주지시킬 필요는 없다. 오히려 동반자는 임종자를 이해하려 해야 한다. 어떤 이유로 죽음을 억압하고 있는 것일까? 어떤 이유로 삶을 내려놓을 마음을 먹지 못하는 것일까? 아직 정리할 일이 남아 있는 것일까? 여전히 삶에 집착하는 것일까?

동반자는 임종자를 가르치는 교사가 아니라, 그들의 삶과 죽음의 신비에 깊이 귀를 기울이는 사람이다. 따라서 동반자가 선입견이 적을수록, 상대에게 공감을 잘할수록 임종자는 마음을 더 크게 열 것이며 진정 자신의 마음을 움직이는 물음을 가지고 말을 걸어올 것이다. 그때 동반자는 자신이 그들에게 솔직하고 진실해야 할 것을 절감하기 마련이다.

죽어 가는 이들은 우리가 가면 뒤에 숨어 버리는지, 아니면 그들이 처한 곤경을 깊이 이해하고 우리의 '존재'를 다해 관계를 맺으려 하는지 아주 예민하게 알아챈다(Tausch-Flammer 171).

그러나 우리가 진실한지 아닌지를 임종자만 알아채는 것은 아니다. 동반자도 임종자의 내면에서 일어나는 일을 곧잘 알아챈다. 때로는 동반자가 임종자를 돌보다가 깊은 평화를 느끼기도 한다. 임종자로부터 사랑과 평화가 흘러나오는 것을 느끼는 것이다. 하지만 임종자의 곁에 머물면서 몸과 마음이 편치 않을 때도 있다. 그때는 자신의 내적 감각에 주의를 기울여야 한다. 아직 임종자의 내면에 벗어 버리지 못한 것이 많이 있거나, 아직 임종자가 자신의 진실을 직시하지 않고 있는 것을 내적 감각이 말해 주곤 한다. 여기서 우리는 자신의 감각을 존중하되 가치판단을 내리면 안 된다. 아직 벗어 버리지 못한 것을 모두 털어 낼 수 있도록 임종자에게 시간과 공간을 허락해야 한다. 이로써 임종자가 평화에 다다르게 해야 한다. 모니카 렌츠는 임종자를 돌보며 이런 통찰을 얻었다.

분위기는 거짓말을 하지 않는다(Renz 107).

임종자가 우리 안에 불러일으키는 감정을 무시하고 넘어

가면 그들에게 아무런 도움이 안 된다.

> 임종자의 정서적 불안과 그러한 상태의 숨은 맥락을 무시하고 넘어갔을 때 나는 그들에게 도움이 되지 않았다. 관심을 기울여야 할 주제를 그대로 둔 채 회피하면 죽음의 과정은 길어지기 일쑤고 그래서 그들의 고통도 길어진다(같은 책 107).

예전에는 임종자를 가족들이 지키고 돌보았다. 오늘날은 가족들이 이 일을 힘겨워하고 큰 부담으로 여긴다. 그래서 호스피스 운동의 동반자가 돕겠다고 하면 크게 기뻐한다. 하지만 가족들이 스스로 해내야 할 일을 동반자가 도맡아 버려서 정작 그들에게 돌아가야 할 기회를 박탈하면 안 된다. 임종자를 돌보는 일에 그들을 참여시켜야 한다. 임종자의 곁을 지키도록, 죽음의 과정에 관심을 가지고 마음을 열도록 가족들을 격려하며 돕는 것이 동반자다. 경험이 풍부한 사람의 도움을 받아 스스로 임종자를 돌보게 되면 그들도 크게 고마워한다. 죽음 앞에서 뒷걸음질 치지 않고 죽음을 외면하지도 않음을 그들은 선물처럼 체험한다. 가족 중 한 사람이 죽어 갈 때 그 곁을 지킨 사람은 이를 통해 그와의 깊은 화해와 지금껏 겪지 못한 새로운 친교를 체험한다. 또한 죽어 가는 그 사람의 신비와 접촉한 것에 대해 깊은 고마움을 느낀다.

임종자 곁을 지키는 동반자는 그들로부터 많은 것을 받는다. 그런데 임종자를 잘 돌보기 위해서는 자기 자신도 잘 돌봐야 한다. 환자와 얼마나 가까워지고, 또 얼마나 거리를 두어야 바람직할지 알아채는 감각이 필요하다. 무엇이 자기에게 힘을 주고, 또 무엇에 많은 힘이 쓰이는지 자각할 수 있어야 한다. 그리고 자기 한계가 어디까지인지 잘 알고 지켜야 한다. 동반자의 힘을 죄다 빼 놓는 환자들이 있다. 특히 그런 일은 동반자가 환자가 살아온 삶에서 특정 역할을 했던 인물을 기억나게 하는 경우에 일어난다. 이럴 때 환자가 내뱉는 불평을 전부다 자신과 관련짓지 않는 것도 한계를 지키는 것이다. 환자가 불평을 늘어놓을 때는 그런 말이나 행동이 내적 불만족과 부조화의 표현임을 알고 환자 자신의 것으로 놓아둘 줄도 알아야 한다. 동반자는 스스로를 위해 균형을 유지해야 한다. 임종자 곁에만 있을 수는 없다. 열린 마음으로 그들을 보살피기 위해서는 내적으로, 또 외적으로 다채로운 삶의 체험을 해야 한다. 그러면 우리가 얼마나 서로를 의지하고, 얼마나 간절히 지지 관계를 원하며, 얼마나 서로를 필요로 하는지 임종자의 내면에서 인식하게 된다.

이 사실을 우리는 자기 몸에 병이 생겼을 때나 가까운 사람이 병에 걸렸을 때야 비로소 아프게 깨닫는다. 그래서 누군가 죽을병에 걸렸을 때 그의 투병 기간과 생의 마지막을 함께 보낸 사람들은 그때를 힘겨운 시기일 뿐 아니라 더없이 값진 시기로도, 압축된 삶으로도 종종 체험한다(Mettner 210).

그때는 한 사람의 외적 가치, 그러니까 돈이나 재산, 업적 따위가 하나도 중요하지 않다.

중요한 것은 타인과 맺은 관계, 곧 자녀와 부모, 친척과 친구와 맺은 개인적 관계의 질과 농도다(같은 책 210).

예부터 의사도 임종자를 돌보는 데 중요한 역할을 해 왔다. 전에는 많은 의사가 무엇보다 죽음과의 싸움을 자신들의 과제로 여겼다. 하지만 지금은 의사의 역할에 대한 또 다른 이해가 점점 더 생겨나고 있다. 스위스 루체른 주립병원 원장 프랑크 나거Frank Nager는 오늘날 의사가 네 가지 중요한 과제를 안고 있다고 본다.

첫째, 의사는 건강 전문가로서 환자의 건강 생성력을 장려해야 한다. 둘째, 의사는 질병을 치료해야 한다. 다시 말해 약제와 수술, 영상진단 등을 투입해 치료적·회복적 조치를 취해야 한다. 셋째, 의사는 완화치료를 행해야 한다. 이것은 경우에 따라 치료

범위를 통증 완화로만 국한한다는 의미다. 넷째, 임종자를 끝까지 곁에서 보살피며, 죽음의 질 또한 의사의 책임임을 명심해야 한다(Nager 152).

의사가 임종자를 돌볼 때 불가결한 측면은 환자에게 병의 진상을 어떤 식으로 전하는가 하는 문제다. 이때 중요한 것은 환자의 입장이 되어서 대화를 나누는 능력이다. 그리고 어떤 말을 사용할 것인가에 대해서도 새롭게 주의를 기울여야 한다. 말이란 것은 외과 의사의 메스처럼 상처를 입히기도 하고 아물게 하기도 한다. 나거는 대부분의 환자가 자신의 상태를 자세히 알고 싶어 한다는 연구 결과를 인용한다. 의사는 진실을 말해 주기 전에 환자가 어떤 신호를 보내는지, 환자가 자기 병에 대해 얼마나 이해하고 있는지 혹은 짐작하고 있는지 우선 잘 들어 봐야 한다. 언제나 의사는 병세를 예측하는 데 한계가 있음을 알아야 한다. 의사는 환자에게 중병에 걸렸다는 사실을 알려야 한다. 그런데 의학적인 치료 수단이나 환자 스스로의 자연치유력이 병을 억제하거나 심지어 정복할 수도 있다는 희망도 전해야 한다. 나거는 다음과 같이 쓴다.

한편으로는 이 희망을 북돋우고 무슨 일이 있어도 사라지지 않게 하는 것, 다른 한편으로는 이 희망을 거짓이란 기초 위에 세우지 않는 것, 그리고 가능하면 언제라도 이 희망을 올바른 방향으로 이끄는 것이 의사가 짊어진 가장 어려운 과제다. 나의 견해로는 의학적·생물학적 의미에서의 완치라는 헛된 희망은 대개 유익한 방향이 아니다. [⋯] 그보다는 신뢰 속에서 희망하는 것이 바람직한 방향이다. '하느님의 손가락이 건드린 사람'인 환자가 마지막 이 노정, 나 자신을 완성할 이 노정, 시간이 얼마나 남았는지 모를 이 노정을 공감적인 동반자들, 곧 가족과 의사와 간병인 들과 함께 끝맺으며 인간답게 보내리라고 신뢰하는 것이다(같은 책 157).

의사는 병세를 숨김없이 알려 주는 동시에 환자가 최선의 완화치료와 성공적 통증치료를 받을 것을 약속해야 한다. 그러나 "무엇보다 중요한 것은 환자를 버려두는 일은 마지막 순간까지 없을 것이라는 약속이다"(같은 책 156).

완화의학 역시 호스피스 운동과 마찬가지로 우리가 임종자와 맺는 관계를 변화시켰다. 완화의학은 "인간이 죽어 가는 과정의 생리학, 가령 열량과 수분의 적절한 공급 방법"(같은 책 159)에 대한 충실한 지식을 필요로 한다. 하지만 완화의학에서 가장 필요한 것은 환자와의 공감적인 파트너십이다. 여기서 먼저 요구되는 것은 연민으로, 파라켈수스Paracelsus는 연민이야말로 의사의 첫 스승이라고 말했다. 의사에게는 환자나 임종자에게 공감하는 능력, 그리고 환자가 자신의 질병과 영성에 대해 전하고자 하는 바에 경청하는 능력이 필요하다.

프랑크 나거는 임종자를 돌볼 때 의사도 영적 차원을 염두에 두어야 한다고 강조한다. 그래도 여기서 먼저 자문해야 할 것은 자신이 서 있는 위치는 어디인가, 자신은 죽음을 어떻게 맞이할 것인가, 그리고 죽을 때 무엇이 자신을 지지해 줄 것인가 하는 문제다. 이런 작업이 선행되면 임종자를 돌보면서 의사 스스로도 큰 선물을 받을 것이다. 나거는 안드레아스 그리피우스Andreas Gryphius의 말을 인용한다.

오, 누워 있는 사람들이여, 내게 서 있는 법을 가르쳐 주오.

지난한 고난 속에서 너무도 힘겹게, 하지만 품위를 잃지 않고 죽음에 이르며 환자들이 보여 준 그 존엄은 나로 하여금 굳건히 서 있도록, 병원의 일상과 개인적 시련을 끝까지 견디도록 도와주었다. 존재의 마지막 시련 가운데서 그들은 삶의 스승이었고, 남을 가르치려 들기 좋아하던 나에게 이루 말할 수 없이 소중한 것을 가르쳐 주었다. 다시 말해 그들은 어찌하면 병을 창조적으로 대할 수 있는지 내게 보여 주었다(같은 책 163).

작별 의식과
돌봄 의식

한 사람이 죽음에 이를 때 우리 독일인들은 "그 사람이 이 세상을 축복했다"라고 말한다. 한 사람의 죽음이 아직 이 세상에 머물러 있는 이들에게 축복이 되기 위해서는 좋은 의식儀式, 곧 작별 의식과 축복 의식이 필요하다. 그리고 돌봄 의식도 필요하다. 의식은 우리에게 평소 드러내지 못한 감정을 표현할 기회가 된다. 또 의식은 죽음이란 불확실한 상황 속에서 우리가 거기에 의지하여 안정을 찾게 한다. 의식은 두려움을 신뢰로 변화시킨다. 의식은 사람들 사이의 관계가 새로운 차원으로 올라가게 만드는 자리이기도 하다.

동반자는 환자에게 의식을 강요하면 안 된다. 의식은 매우 사적인 것이기 때문이다. 하지만 환자에게 함께 기도하고 싶은지, 또는 축복을 해 줘도 좋을지 물어볼 수는 있다. 의식은 두 눈으로 분명히 볼 수 있는 구체적인 것이다. 많은 임종자가 우리가 자신에게 손을 얹어 주는 의식을 원한다. 때로는 오랜 시간 임종의 자리를 지키며 그저 환자의 손을 잡아 주는 것으로 족하기도 하다. 이를 통해 많은 환자가 한 사람이 자기 곁에 있음을 느끼고 고마워한다. 이때 동반자는 섬세한 감각이 있어야 한다. 언제 환자에게 손을 얹어 주고, 또 언제 다시 손을 거두어야 할지 알아채야 한다. 임종자는 자신에게 필요한 것을 얻으려고 스스로 분명한 신호를 보낸다.

임종자와 함께 기도를 바치거나 옛 노래를 부르는 일 역시 한 가지 의식일 수 있다. 대개는 함께 기도하거나 노래할 수 없는 상황일 것이다. 하지만 옛 노래는 그들의 영혼에 가닿는다. 치매에 걸린 환자조차 간혹 입술을 달싹거린다. 이런 노래와 기도는 듣고 배운 나이가 어리면 어릴수록 환자의 영혼에 더 깊이 가닿는다. 이런 기도는 어린 시절 환자에게 하느님께서 우리 곁에 계시며 치유와 사랑을 주신다는 것을 가르쳐 주었다. 이제 환자는 다시 기도를 들으며 그때처럼 하느님 품에서 보호받고 있음을 느낀다.

적절한 때가 되면 동반자는 환자에게 축복을 받고 싶은지 물어야 한다. 받고 싶다고 하면 동반자는 그들을 위해 머리에 손을 얹고 기도해 주거나 그들의 상황에 대해 언급하며 기도할 수 있다. 그리고 그들이 겪는 공포와 위기, 고통과 갈망 속에 하느님의 축복이 내리기를 기도할 수 있다. 아니면 아무 말 없이 그들의 이마에 십자성호를 그어 줄 수도 있다. 그러면 임종자는 어릴 적에 아버지나 어머니가 십자성호를 그어 줬던 것을 기억할지도 모른다. 이때 십자성호는 그들에게 보호와 안전의 몸짓이 된다. 그들은 자신을 기다리고 있는 낯선 길 위에서 보호받고 있음을 느끼게 된다. 또 아니면 환자에게 성유를 발라 주고, 이제 그들과 동행하시며 죽음 속에서 기다리시는 하느님의 사랑을 전할 수도 있다.

임종자의 머리맡에 형상 하나를 놓아두는 것도 하나의 의식일 수 있다. 그들이 처한 상황을 주제로 한 성화나 그리스도상이 좋다. 또는 마리아상, 가령 죽음에 이르면 하느님의 자애로운 품에 안길 것이라는 위로의 메시지를 전하는 피에타상을 택해도 좋다. 이런 형상은 언어보다 더 깊은 차원에서 그들의 마음을 움직인다. 때로는 임종자가 손에 쥘 수 있는 물건을 원하기도 한다. 예를 들어 십자가상을 꽉 붙들고 싶어 하는 이들도 있고, 작은 천사상을 바라기도 한다. 천사상은 하느님의 온유한 사랑이 죽음의 길에서 그들을 동행할 것이라는 확신을 준다.

임종자를 돌보기 위해 교회가 제공하는 의식은 병자성사이다. 병자성사는 환자나 임종자가 하느님의 사랑을 직접 체험하게 해 주는 더없이 아름다운 방법이다. 하지만 여기서 중요한 것은 이 의식을 바르게 행하는 것이다. 병자성사 의식은 가능하면 가족들이 모여 앉은 자리에서 행하는 것이 좋다. 그래야 모든 사람이 이 성사에 받아들여진다. 병자성사는 침묵 속에서 환자에게 손을 얹어 주는 것으로 시작된다. 사제는 환자의 머리에 손을 얹은 다음, 가족들도 어깨나 그 외 다른 부분에 손을 얹으라고 청한다. 이렇게 하면 환자는 끈끈한 친밀감을 느낀다. 환자는 자신을 향한 사랑뿐 아니라 서로를 향한 사랑 안에서 사람들을 연결하는 중심축이 된다. 임종을 앞둔 어머니의 몸에 가족 모두가 손을 올리면 가족 안에 새로운 유대가 생겨난다. 임종자는 바로 이 마지막 순간 자신이 가족들에게 축복이 되고 있음을 느낀다. 가족들이 임종자를 축복하고 손을 얹어 주며 사랑을 표현함으로써 임종자의 사랑도 그의 몸에 닿는 이들에게 흘러든다.

침묵 가운데서 기도한 다음에는 귀에 익은 성경 말씀을 낭독하는 차례이다. 때로 우리는 무슨 말을 해야 할지 말문이 막히지만 말씀을 낭독하며 그 상황을 분명히 인식하고 우리의 힘을 북돋운다. 사제는 환자의 손에 성유를 바르면서 그를 강건히 해 주고 치유해 줄 성령의 힘을 기원한다. 이어서 청원기도를 바친다. 청원기도가 환자의 마음에 크게 가닿게 하는 방법이 하나 있다. 환자는 사제가 조금 전 성유를 발라 준 손을 편다. 사제는 가족들에게 환자의 손에 십자성호를 그으며 한 가지 개인적 바람이나 기도를 말해 줄 것을 권유한다. 이렇게 하면 환자와 가족들 사이가 아주 친밀해진다. 이 친밀함은 사랑과 희망과 확신을 기초로 하고 있다. 이처럼 절차와 형식이 정해져 있는 의식을 거행하는 동안 가족들은 평소에는 하지 못한 말을 용기 내서 전하고는 한다. 그들은 환자에게 그가 정말 소중한 사람이며, 이런저런 일로 고마워하고 있고, 또 그에게 이런저런 일이 일어날 것을 기원한다고 이야기한다. 그러면 죽음을 앞둔 환자는 가족들에게 둘러싸여 있는 가운데 자신이 축복의 원천임을 느끼게 된다. 환자는 가족들의 축복을 받으면서, 동시에 스스로가 자신을 둘러싼 그들에게 축복이 된다. 가족들은 환자에게 그들의 사랑을 보여 줌으로써 스스로도 많은 것을 받으며 축복받는다. 그리고 그들 자신을 새삼 강렬하게 체험한다. 더불어 죽음보다 강한 사랑을 향한 그들 자신의 갈망과도 접촉한다.

가끔 의사들이 내게 찾아와서 이야기하는 바에 따르면 환자에게 병세를 숨김없이 말하는 것을 가족들이 원치 않는 경우가 있다고 한다. 가족들은 환자의 상태가 어느 정도인지 본인들은 알고 싶어 하면서도 그것을 환자가 알게 되는 것은 원하지 않는다. 그리고 환자에게 진실을 말해 주지 않는다. 오히려 환자에게 헛된 희망을 심어 주는 경우도 있다. 가령 환자에게 다음 주면 다시 건강해질 것처럼 말한다. 그러고는 함께 소풍을 가고 싶다는 등 환자와 온갖 일을 함께할 계획이라고 이야기한다. 하지만 환자는 결코 소풍을 가지 못하리라는, 곧 죽으리라는 사실을 정확히 알고 있다. 환자는 그래도 가족에게 그런 말을 꺼낼 용기가 없다. 그런 말을 가족들이 감당하지 못할까 봐 두려워한다. 이런 식으로 서로 간에 진실을 말하지 못한 사이에 환자는 미처 작별도 못 하고 죽음에 이른다.

    죽음 이후 가족들은 제대로 작별하지 못해 죄책감에 시달린다. 죽음의 과정에서 본질적인 한 단계를 모두가 건너뛰어 버린 탓이다. 이 일은 임종자에게 아픔을 안겨 주었고 가족들에게도 마찬가지다. 가족들은 임종자에게 감사의 말도 할 수 없었고, 그가 얼마나 소중한 존재인지도 말하지 못했다. 그리고 임종자와 가족들 모두 정말 중요한 것에 대해 서로 대화를 나눌 수 없었다. 진실을 감추려고 갖은 애를 쓰느라 그들은 죽음과 더불어 고향의 일부를 잃어버렸다. 작별다운 작별도 하지 못한 상태에서 말이다. 그래서 그들은 고향을 잃은 것만 같다. 또 그들은 임종자에게서 존엄하고 솔직하게 작별할 기회를 빼앗은 것에 대한 책임을 통감한다. 임종자는 남은 가족들과 작별할 기회도 없었고 도움에 감사할 기회도 없었다. 잘못에 용서를 구할 기회도 없었고 그들을 축복할 기회도 없었다. 가족들은 임종자가 떠난 후에야 자신들이 그런 기회를 주지 않았음을 깨닫는다.

    대개 임종자는 가족들과 의식적意識的으로 작별하고 싶어 한다. 어떤 이들은 이 세상을 완전히 떠나기 전에 가족들을 축복하고 싶어 한다. 다른 이들은 가족들이 자신에게 해 준 모든 것에 대해, 가족들이 소중히 대해 준 것에 대해 고마움을 전한다. 혹은 자신이 살아온 삶에 대해 다시금 감사한다. 자신이 겪은 모든 것에 감사하다고 말한다. 어떤 이들은 "나는 참 좋게 살았어"라고 말한다. "사는 게 참 좋았지. 그래도 이제는 죽을 수 있어"라고 말하기도 한다. 살면서 의도적으로, 또 본의 아니게 상처를 준 모든 사람에게 용서를 청하는 이들도 있다. 임종자가 가족들에게 용서를 청하면 그에게서 평화가 흘러나온다. 그러면 가족들 역시 자신들이 받은 상처를 내려놓으며 임종자와 화해할 수 있다.

한 사제가 내게 해 준 이야기가 있다. 어떤 할머니가 죽기 이틀 전에 온 가족을 불러들였다. 할머니는 한 사람씩 곁에 불러 십 분 동안 이야기를 나누었다. 한 사람 한 사람에게 작별의 말을 건넸고 그 사람을 위한 바람이나 조언을 해 주었다. 이런 의식적 작별이 언제나 가능한 것은 아니다. 그럼에도 많은 임종자가 자신의 삶에서 소중했던 이들과 개별적으로 대화를 나누기를 원한다. 사랑하는 이들과 이처럼 의식적으로 작별할 수 있는 사람은 모두에게 축복을 남긴다. 이 세상에 아직 남아 있는 이들을 위해 축복이 된다. 그 사람은 자신의 죽음으로 이 세상의 것을 축복하고 다른 이들이 여전히 머물 이 세상을 축복한다. 이로써 그들이 하느님의 축복 아래 살 수 있게 한다.

그 사람은 자신의 축복을 말로만 아니라 온몸으로 발산한다. 그 사람은 다르게 죽을 능력이 있다. 그 사람의 죽음은 삶에 매달리다가 떨어져 나가는 게 아니라 곁에 있는 이들에게 자신을 내어 주는 것이기 때문이다. 자신의 죽음이 사랑하는 이들에게 자신을 내어 주는 것, 곧 헌신이 될 때 임종자는 남아 있는 이들에게 진정 축복이 된다. 그러면 임종자는 예수님께서 십자가 위에서 그러신 것처럼 자신의 영혼과 사랑을 이 세상에서 계속 살아가는 이들에게 넘겨주게 된다.

임종자가 곁에 있는 이들을 축복하고 싶어 하는 것과 마찬가지로 동반자도 그 사람이 자신에게 얼마나 소중한 사람인지 말해 주고 싶어 한다. 그래서 가족과 친구들이 임종자와 개별적으로 작별할 때는 그가 얼마나 소중한지, 고마운 것은 무엇인지에 대해 말해 줄 뿐 아니라, 죽음 후에도 계속 그와 유대감을 느낄 것이라고 알려 주는 것이 좋다. 혹은 그가 가르쳐 준 것에 대해, 그가 일깨워 준 삶의 신비에 대해 자신의 삶으로 답할 것을 다짐할 수도 있다. 그런 다음 가족과 친구들은 침묵으로 작별하며 임종자에게 손을 얹어 주고 이마에 십자성호를 그어 줄 수 있다. 아니면 손을 얹어 주며 아주 개인적인 기도를 바쳐도 좋다. 그들은 이 기도로 그때 마음속으로 느끼는 것을 모두 다 표현한다. 기도와 축복 의식을 치를 때면 우리가 지금껏 임종자와의 관계에서 체험해 온 그 어떤 친밀감과 유대감보다 더 깊은 것이 생겨나곤 한다. 그것은 인간적인 친교에 그치지 않는다. 어떤 성스러운 성격까지 띤다.

가족과 친구들이 임종자의 침대 주위에 서거나 앉아서 그를 위해, 또 그를 대신해 기도를 바치는 것은 아름다운 전통이다. 그때 어떤 이들은 임종자도 익히 아는 묵주기도를 왼다. 이 기도를 직접 바칠 수 없을 때라도 임종자는 지지받고 있음을 느낀다. 또 어떤 이들은 여러 시편을 기도한다. 이런 시편에는 임종자로 하여금 자신이 처한 상황을 돌아보고 받아들이게 해 주는 표상이 담겨 있다. 예를 들어 임종자가 아래의 시편을 듣게 되면 마음속에 신뢰가 자라나고 죽음에 대한 두려움도 사라진다.

주님은 나의 빛, 나의 구원.
나 누구를 두려워하랴?
주님은 내 생명의 요새.
나 누구를 무서워하랴?(시편 27,1).

같은 시편 마지막 구절을 써서 기도할 수도 있다.

그러나 저는 산 이들의 땅에서
주님의 선하심을 보리라 믿습니다.

주님께 바라라.

네 마음 굳세고 꿋꿋해져라.

주님께 바라라(시편 27,13-14).

시편 91장도 확신과 희망을 가르쳐 준다.

너는 무서워하지 않으리라,

밤의 공포도 낮에 날아드는 화살도

어둠 속에 돌아다니는 흑사병도

한낮에 창궐하는 괴질도(시편 91,5-6).

임종자가 평소 음악을 사랑하는 사람이라면 멘델스존 바르톨디Mendelssohn Bartholdy의 오라토리오 「엘리야」에 실린 천사의 사중창을 듣고 지지받고 있음을 느낄 수 있다.

그분께서는 당신 천사들에게 명령하시어 네가 가는 모든 길에서 너를 지키게 하시리라. 그들이 너를 받쳐 줄 것이며 네 발이 돌에 차이지 않게 해 주리라.

임종자는 시편 91장의 구절을 참고하여 쓴 이 말씀을 들으면서, 이 말씀이 자신의 내면에 속속들이 파고들게 둔다. 그러면 천사들의 손이 자신을 받쳐 주고 있는 것처럼 느낄 것이고, 또한 천사들이 자신을 받들고 온갖 죽음의 낭떠러지를 건너서 하느님의 자애로운 품에 안겨 줄 것을 신뢰하게 된다.

안락사

　최근 적극적 안락사와 소극적 안락사에 대한 논쟁이 새롭게 불붙고 있다. 의료 기기로 생명을 인위적으로 연장하는 일이 비일비재하고, 이미 많은 사람이 이를 인지하고 있다. 그래서 이제는 많은 사람이 인위적 생명 연장을 원하지 않는다는 내용으로 유언을 미리 작성하고 공증까지 받아 둔다. 소극적 안락사는 죽음의 자연적인 진행 과정을 그대로 두되 통증을 완화하며 그 과정을 돕는 데 중점을 둔다. 요즘은 완전히 새로운 통증 치료 수단을 쓴다. 격심한 통증 속에서 죽어야 하는 사람이 거의 없다. 때로는 진통제가 죽음을 앞당기는 경우도 있지만 이는 감수해야 할 일이다. 진통제는 환자가 죽음의 과정에서 겪는 고통을 덜어 준다. 이미 지난 수백 년간 사람들은 소극적 안락사로 임종자를 돌보아 왔다. 현대 의학은 소극적 안락사에 담긴 지혜를 재발견하여 발전시키고 있다. 죽음을 앞둔 환자들과 함께하며 그들이 인간답게, 곧 끔찍한 통증 없이 죽을 수 있도록 지원하기 위해서다.

임종자가 본인의 의지대로 결정하게 두는 것도 소극적 안락사의 한 요소다. 어떤 말기 환자들은 식음을 전폐한다. 그럴 경우 우리는 인위적 영양 공급을 하지 말아야 한다. 그들은 영양 섭취를 거부하며 내적으로 죽음을 준비하고, 이로써 죽음을 조금 더 빨리 맞으려는 것이다. 흔히 이는 의식적 결정이 아닌 내적 조화다. 임종자는 이제 떠날 마음을 먹었으며 곡기를 끊고 죽음을 준비하고 있다. 이것은 자살이 아니라 자연적 죽음에 상응한다. 이런 현상은 토착 민족에게서도 발견할 수 있다. 그들은 때가 되면 밀림으로 들어가서 죽음을 맞이한다. 여기서 어떤 민족은 홀로 죽는 문화를 발전시켰다. 성경을 보면 이와 다른 문화, 곧 다른 사람이 지켜보는 가운데 죽는 문화가 있다. 일찍이 구약 성경에는 임종의 자리에서 족장들이 아들 딸을 곁으로 불러 그들 모두를 강복했다는 이야기가 담겨 있다. 하지만 다른 동물과 마찬가지로 분명 인간도 서로 다른 욕구를 가지고 있다. 동물들 중에도 홀로 고독하게 죽기 위해 무리를 떠나는 동물이 있다. 그리고 어떤 동물은 무리 속에서 죽으려 한다. 우리는 마음을 열고 인간의 이런 자연적 충동을 존중해야 한다.

적극적 안락사에 대한 논쟁은 무엇보다 네덜란드와 벨기에, 스위스에서 벌어지고 있다. 독일 나치 제국은 '무가치한' 생명을 주저 없이 소멸시켜 버렸다. 그래서 현재 독일연방 공화국은 나치의 이 파국적 정책을 기억하며 적극적 안락사에 대한 논쟁을 지금껏 자제했다. 그럼에도 신문과 방송에서는 적극적 안락사에 대한 보도가 끝없이 나오고 있다. 네덜란드에서는 적극적 안락사를 특정 조건하에 허용하고 있다. 네덜란드 안락사법의 영향에 대한 여러 연구에 따르면 가족들이 말기 환자에게 심리적 압박을 준다고 한다. 말기 환자에게 자진해서 적극적 안락사를 요구하라고 넌지시 바라는 것이다. 이런 일은 부분적으로 경제적 원인에서 일어난다. 사람들은 말기 환자를 간호하는 데 드는 많은 비용을 더는 지불하고 싶어 하지 않는다. 심리적 원인도 일부 있는데 말기 환자의 임종 과정을 가족들이 보고 싶어 하지 않는 것이다. 그들은 고통을 응시하기를 꺼린다. 그 뒤에는 우리 삶의 본질에 속하는 고통과 화해하는 것을 거부하는 심리적 태도가 숨어 있다.

고통을 인정할 수 없는 것으로 치부하는 사회는 잔인해진다. 그런 사회에서는 고통이란 것이 일단 있으면 안 되는 것이다. 사회로부터 멀리 격리해야 하는 것이다. 가령 한 여관에 들어온 투숙객이 그 여관에 장애인이 묵고 있다는 것을 알게 될 경우 숙박비 할인을 요구할 권리가 있다는 판결이 내려진 적이 있다. 벌써 여기에서 이 사회가 고통을 대하는 태도가 드러난다. 이 판결은 고통을 억압하는 현상이 우리 사회에 이미 얼마나 깊이 뿌리박혀 있는가를 여실히 보여 준다. 사람들은 인간에게 주어진 고통을 부당하고 지나친 요구로 생각한다. 그러나 만약 우리가 고통을 응시할 수 없게 되면 사회는 점점 더 가혹해진다. 요한 밥티스트 메츠Johann Baptist Metz는 우리 그리스도인이 항상 '고통의 기억'(memoria passionis)을 마음속에 되새겨야 하며, 이로써 이 사회를 인간적으로 만드는 데 이바지해야 한다고 강조한다. 고통을 기억할 수 없게 되면 고통의 억압이 일어나고, 그 억압은 또 다른 고통을 만들어 낸다.

고통을 억압하는 현상이 지속될 경우 언젠가는 고통 자체뿐 아니라, 고통을 겪는 사람들까지 이 사회에서 생존할 권리를 잃게 된다. 고통을 겪는 사람들은 다른 사람들의 편안한 기분을 방해한다. 그러나 고통을 겪는 사람들을 몰아낼 때 우리는 인간애를 단념할 것이며, 또 우리의 인간적 존엄도 포기할 것이다. 우리가 고통받는 이들을 바라보려 하지 않는 것은 우리 자신이 유한한 인간임을, 언제든 약해질 수 있는 존재임을 떠올리고 싶어 하지 않기 때문이다. 이는 결국 우리를 병들게 만드는 인간상을 초래한다. 오늘날 점점 더 만연한 질병인 우울증은 우리의 자아상에 대한 드높은 요구에 맞서 영혼이 부르짖는 항의의 외침이다. 늘 건강하고 늘 강건해야 한다는, 우리 자신이 세워 놓은 자아상에 맞선 영혼의 부르짖음이다. 고통의 억압은 개개인뿐 아니라 온 사회를 병들게 만든다.

모니카 렌츠는 임종자와 함께한 경험을 통해 적극적 안락사에 대한 자신의 입장을 정립하고 발전시켰다. 렌츠에게 적극적 안락사는 "인간이 권력을 미리 가로채는 행위이자 과시하는 행위이며 침범하면 안 될 영역, 경외를 망각한 영역으로 넘어가는 행위이다"(Renz 105). 자신의 삶을 손에 쥐고 좌우하기를 원하는 사람들, 하느님께 자신을 내어 드리거나 죽음의 과정에 자신을 내맡길 용의가 없는 사람들은 죽을 때도 자신의 권력을 과시하려 든다. 그들은 자기 삶의 마지막을 자의로 결정할 권력을 쥐고 있다. 적극적 안락사는 언제나 일종의 공격적 행위다. 자연스러운 과정을 거치지 않고 억지로 삶에 종지부를 찍는다. 우리는 저런 길을 가는 대신 다음과 같이 스스로에게 묻는 것이 더 바람직하다.

임종자가 자연스럽게 죽을 수 있도록 우리가 자리를 마련해 줄 수 있는가? 그가 내적 싸움을 벌일 때 우리가 이끌어 줄 수 있는가? 그의 영혼 속에서 구원을 기다리고 있는 어떤 것을 우리가 이해하고 공감할 수 있는가? 그가 다른 데서 받았을 힘겨운 요구를 다시 우리도 그에게 — 긍정적 의미에서 — 밀어붙일 수 있는가? 권력이 아니라 인내, 바로 이것이 인간을 존엄하게 만든다(Renz 105).

스위스에는 이미 두 곳의 안락사 조직이 있다. 하나는 '엑시트'(Exit)이고 다른 하나는 '디그니타스'(Dignitas)이다. 이에 따라 '파울루스-아카데미'(Paulus-Akademie)는 1997년과 1999년 취리히에서 '어떻게 하면 인간답게 죽음에 이를 것인가?'라는 주제로 전문가들을 초청했다. 적극적 안락사라는 주제에 대해 전문가들이 기여한 토론의 결과 중에서 몇 가지를 여기에 인용하려 한다.

정신과 전문의이자 스위스 완화의학협회 회장인 프리드리히 슈티펠Friedrich Stiefel 박사는 적극적 안락사를 언급하는 이들 중 다수가 말기 환자에 대한 간호 경험이 전무한 건강한 사람들이라는 점을 지적한다. 만약 암 진단을 받으면 자살하겠다는 식으로 말하는 이들은 대개 건강한 사람들이다. 슈티펠 박사는 주장한다. "암 환자의 절대다수가 어려운 상황을 얼마든지 견뎌 나갈 수 있는 이들이며, 심리적 장애를 가진 이들이 아니다"(Stiefel 30). 환자들은 투병 기간 동안 병에 대한 대응력을 기른다. 그래서 건강한 사람들이 암과 같은 중병에 대해 내놓은 많은 진술은 "현실과 어긋난"(같은 책 31) 심리적 투사다. 통계에 따르면 암 환자 중 자살하는 사람은 극히 드물다. 언제나 암 환자가 자살할 때는 우울증, 중독 장애, 신경 질환이나 정신 질환 같은 다른 원인이 있다. 암 환자는 초기에 무력감을 느낀다. 이때 그들이 적극적 안락사를 원할 경우, 대체로 이는 불가피한 운명을 통제하고 싶은 의지의 표현이다(같은 책 34 참조). 병의 진행 과정에서 대부분의 환자는 암과 함께 살아가는 법을 배운다. 슈티펠은 적극적 안락사에 대한 찬반 논거 중에서 합리적 논거들은 "윤리적 논거보다는 환자 개인의 성격과 환자에 대한 임상 경험의 영향을 훨씬 더 많이 받았다"(같은 책 35)는 사실을 확인했다. 따라서 적극적 안락사를 옹호하는 이들은 말기 암 환자를 대해 본 경험이 전혀 없거나, 행여 있다고 해도 그리 많지 않은 사람들이다.

의사 노에미 드 슈투츠Noémi D. de Stoutz는 환자들이 항상 양가감정을 가지고 있는 것을 경험했다.

그들은 모든 것이 다 끝나 버리기를 바라면서 동시에 좋게 지속되기를 바란다. 그러나 또 그들은 주위 사람에게 영향을 잘 받으며, 주위 사람이 어떤 의견을 선호하는가에 따라 이런저런 바람을 더 많이 표현한다(Stoutz 38).

따라서 임종자에게 적극적 안락사를 어떻게 생각하는지 물어볼 때 우리는 그들이 진정 생각하고 있는 바를 거의 듣지 못한다. 오히려 그들은 우리가 원하는 대로 대답한다. 그러니까 만약 우리가 그들을 부담스러워하고 그들이 되도록 빨리 죽으면 좋겠다는 감정을 가지고 있으면 그들은 적극적 안락사를 옹호할 것이다. 그것이 그들의 가장 속 깊은 신념이 아닌데도 그렇게 한다. 우리는 그래서 이 문제를 아주 조심스레 다루어야 한다. 적극적 안락사와 중증 환자로 인한 경제적 부담이 끊임없이 언급되는 환경에서 환자는 외부로부터 오는 압박에 순응한다. 중증 환자가 적극적 안락사를 원한다고 말할 경우, 그 뒤에는 이렇게는 더 살고 싶지 않다는 바람이 들어 있다.

그렇다면 올바른 물음은 무엇일까? 그것은 이렇게 살고 싶지 않다면 어떻게 살고 싶은가 하는 물음이다. 이런 물음 다음에는 환자로 하여금 남은 시간을 잘 견디게 해 줄 모든 가능성을 우리가 찾기 시작해야 한다(같은 책 38).

취리히 대학교 정신병원에서 수년간 원장직을 맡고 있는 클라우스 에른스트Klaus Ernst 박사는 슈투츠의 의견에 전적으로 동의한다.

오늘날 입원 환자와 만성질환 환자를 위협하고 있는 것은 자기 결정권의 상실이 아닌 연대 의식의 상실이다(Ernst 45).

만약 간호인들이 자신을 돌보느라 지쳐 있다거나 자신이 가족들에게 짊어지기 힘든 짐이 된다는 느낌을 받고 있을 경우에 적극적 안락사를 제안하면 중증 환자들은 대부분 이에 동의한다. 하지만 이때 사실 필요한 것은 건강한 이들의 연대 의식이다. 네덜란드에서 사람들이 적극적 안락사를 원하는 이유 중에서 가장 많이 드는 것은 견디기 힘든 통증이 아니라 인간 존엄과 자기존중감의 상실에 대한 두려움이다.

신학자 마르쿠스 침머만-아클린Markus Zimmermann-Acklin은 죽음에 대한 철학적 모델을 세 가지로 구분 짓는다. 에피쿠로스가 최초로 내세운 쾌락주의 모델은 마지막 순간까지 자신의 몸을 건강하게 유지하려는 것으로, 재미있게 말하자면 되도록 건강하게 죽고 싶어 하는 것이다(Zimmermann 68). 몸이 더는 가뿐하지 않다거나 충분히 건강하지 못하면 자살을 선택한다. 스토아주의 모델은 인간이 영혼으로 완전히 물러나서 육체의 고통에 무감각해야 하며, 어떤 질병에 걸려도 자기 결정권을 쥐고 있어야 한다고 주장한다. 하지만 자립적인 삶을 살 가망이 더 이상 보이지 않는 순간에는 자살을 떠올릴 수 있다. 적극적 안락사의 옹호자들은 이 두 모델을 지지한다. 물론 옹호자들은 고대 그리스 철학의 오랜 논거를 현대의 언어로 바꾸어 내놓고 있다.

앞선 두 모델에 반대되는 것은 다름 아닌 성경적 모델이다. 성경적 모델에서는 "인간이 하느님과 맺고 있는 관계가 그 중심에 있다. 이 관계는 무의미하게만 보이는 고통 속에서도,

모든 죽음을 넘어서 존재하는 것이다"(같은 책 68). 성경적 모델은 어떤 합리적 논거를 들어 자살이나 적극적 안락사를 지지하지 않는다. 나는 내 삶의 그 어떤 상황에서도 하느님과의 관계 안에 있다. 손쓸 수 없는 상황에 처한 환자라고 해도 나는 하느님의 사랑 안에서 보호받고 있으며, 그분의 손이 나를 붙잡아 주신다. 나는 죽음이 자연스레 진행되게 놓아두는 가운데, 내가 죽음의 과정을 통해 점점 더 부서져서 결국 활짝 열릴 것이라고 굳게 믿고, 이로써 그분의 자애로운 품에 나를 온전히 맡기게 된다. 또 나는 죽음의 모든 단계를 그분과의 관계 안에서, 그리고 그분과의 관계로부터 체험한다. 죽음의 과정에서 나는 날로 변화하여, 나의 가장 깊은 본질 안에서 하느님 속으로 나를 내맡길 수 있다.

많은 의사와 성직자가 "환자들이 안락사를 요청할 때 대부분 그 요청은 곤경 속에 자신을 내버려 두지 말라는 호소"(Schuster 979-980)라는 사실을 인식하고 있다. 신학자들은 적극적 안락사가 허용되는 그 순간 마치 둑이 무너지듯 한꺼번에 많은 일이 일어나지 않을까 염려한다. 예를 들어 우리들은 간호인이 임종자를 잘 돌보아 줄 것이라는 신뢰를 잃을 수 있다. 가족들은 임종자에게 적극적 안락사를 요구해야 한다고 압박을 가할 수 있다. 그리고 중증 환자의 삶을 더는 소중히 여기지 않는 태도가 장애인의 삶의 가치 역시 의문시하는 태도로 확

대될 수 있다. 적극적 안락사가 허용되면 이 사회에 의식의 변화를 초래할 것이다. 생명의 보호는 더 이상 보장되지 못할 것이다.

적극적 안락사를 지지하는 사람들은 임종자의 고통을 덜어 준다는 논거를 내세운다. 신학자들은 이에 다음과 같이 맞선다. 임종자의 목숨을 적극적으로 끊어 버리는 사람은 "고통을 덜어 주는 것이 아니라 끊어 버린다"(같은 책 980). 우리의 과제는 적극적 안락사가 아니다. 오히려 우리는 임종자의 곁을 지키며, 임종자가 자신의 고통과 죽음의 과정에 대해 털어놓을 기회를 마련해야 한다. 그러면 그들은 존엄하게 죽을 것이다. 중요한 것은 우리 스스로가 한 사람이 죽어 가는 과정을 용기 있게 지켜보는 것이다. 이처럼 곁을 지켜 줌으로써 임종자가 다른 세계로 건너가되 아직 남아 있는 어떤 것을 마감하고 완성하며, 또 그것과 화해할 수 있도록 돕는 일이 중요하다. 우리에게는 임종자를 도울 용기를 갖춘 사람들, 임종자의 고통과 위기를 외면하지 않을 사람들이 필요하다. 그들은 임종자에게 도움을 줄 뿐 아니라, 그들 스스로 이 과정에서 많은 은총을 받을 것이다.

삶을 위한
죽음 성찰

나는 적극적 안락사를 죽음에 대한 일종의 심리적 억압으로 본다. 안락사를 원하는 말기 환자는 마지막 순간까지 자기 손에 통제력을 쥐고 있으려 한다. 이때 죽음은 되도록 빨리 진행되어야 한다. 그래야 환자가 죽음과 씨름할 필요가 없으니까 말이다. 이것은 결국 공격적 행위이며 임종자뿐 아니라 남아 있는 이들에게도 영향을 미친다.

영적 전통은 죽음을 억압하는 대신 관심을 기울여 대하는 것이 곧 삶에도 도움이 된다는 사실을 항상 인식했다. 가톨릭 전례력에는 우리로 하여금 죽음을 의식하고 성찰하게 하는 시기가 여럿 있다. 예수님이 오시기를 기다리는 대림 시기도 이에 해당한다. 우리는 세상 끝 날에 예수님이 오시기를 기다린다. 그뿐 아니라 우리 삶의 끝 날에도 예수님이 우리에게 문을 두드리실 것을 기대한다. 재의 수요일에 사제는 우리 머리 위에 재를 뿌리며 말한다.

사람아, 흙에서 왔으니 흙으로 돌아갈 것을 생각하여라.

사순 시기는 우리가 죽을 존재라는 것을 일깨우려 한다. 부활절이면 우리는 예수님의 부활을 기념한다. 하지만 먼저 그분의 수난을 기억한다. 우리는 그분의 수난에서 우리를 향한 그분의 사랑을 체험한다. 그런데 그분의 수난은 우리 삶의 수난을 바라보라는 요청이기도 하다.

예수님이 수난을 당하실 때 거쳐 가신 여러 단계 속에서 우리는 우리 삶을 위한 여러 표상을 발견할 수 있다. 예수님처럼 우리도 죽음에 대한 두려움 속을 거쳐 간다. 예수님께서 두려움 속에 계실 때 그분의 제자들은 잠들어 버렸다. 우리도 죽음의 과정에서 홀로 남겨지는 느낌을 받는다. 우리도 예수님처럼 붙잡혀서 선고받고, 매를 맞고 채찍질당하며, 또 조롱받는다고 느낀다. 우리는 십자가를 짊어져야 한다. 우리 자신의 한계와 유한함, 그리고 고통의 십자가를 져야 한다. 우리는 매일 십자가에 못 박힌다. 우리를 단단히 못 박고 있는 고통에서 벗어날 길은 없다. 우리는 자신의 수난 앞에 마주 섬으로써 매일 우리에게 요구되는 죽음 속으로 들어가는 법을 연습한다.

그러나 우리는 수난에 머물러 있지 않는다. 우리가 죽으면 하느님 안에서 부활하리라는 희망으로써 예수님의 부활을 기념한다. 게다가 우리가 기념하는 예수님의 부활은 우리가 지금 여기서 살아가는 동안 두려움과 체념의 무덤으로부터 끊임없이 부활하리라는 신뢰를 뜻하기도 한다. 우리의 삶은 끊임없이 죽고 무덤에 묻히며 되살아나는 것으로 이루어져 있다. 계속 무엇인가 묻히려고 한다. 그래야 우리가 자유로이 부활할 수 있다. 우리가 살아오며 받은 상처도 무덤에 묻히려고 한다. 그래야 우리가 상처를 핑계 삼는 일이, 제 발로 일어나 자기 삶을 책임지는 것을 거부하는 일이 없다. 그리스도께서 이끄시는 대로 가면 그리스도와 함께 삶을 향해 부활하는 것도 가능하다.

오래전부터 11월은 죽은 이들의 달로 여겨지고 있다. 11월에 우리는 새삼 죽음에 대해 생각하며 우리보다 먼저 죽은 이들을 기념한다. 교회는 11월을 모든 성인 대축일(11월 1일)과 위령의 날(11월 2일)로 시작한다. 모든 성인 대축일에 우리는 교회가 성인으로 정한 이들만 아니라 우리가 아는 모든 죽은 이들, 지금 천국에서 하느님 곁에 있다고 믿는 모든 이들을 생각한다. 이날 우리는 모든 성인이 우리와 함께 있다는 것을 평소보다 분명히 의식하며 전례를 올린다. 이때 성인들은 우리 곁에 머문다. 시편이나 주님의 기도, 혹은 다른 기도를 외울 때 우리와 함께 기도를 바친다. 그들은 그 기도를 이 땅에서는 믿는 이로서, 지금은 지켜보는 이로서 우리와 바친다. 우리는 그들이 내린 뿌리의 일부를 차지하고 있다. 우리는 그들을 죽음에 빼앗긴 것이 아니다. 죽음은 그들을 그저 변화시켰을 뿐이다. 그리고 변화된 그들은 우리와 함께 걸으며, 계속 우리 삶의 일부를 이룬다. 성인들은 뿌리이고 우리는 이 뿌리를 근원으로 삼아 살아간다.

위령의 날에는 묘지를 찾아가서 죽은 이들을 기념하고 공경한다. 조상을 공경하고 감사하는 마음으로 기념하는 것은 모든 문화와 종교가 가진 욕구다. 이를 통해 다름 아닌 우리 자신과 우리 삶의 뿌리를 공경하는 것이다. 공경한다는 것은 죽은 이들이 살아오며 행한 모든 일을 죄다 좋게 여긴다는 뜻이 아니다. 죽은 이들은 우리에게 곧잘 상처를 주었거나 큰 불행의 원인이기도 했다. 이 또한 우리는 바로 보아야 한다. 그런데 거기서 멈추면 안 된다. 언뜻 삶을 제대로 이루어 내지 못한 것처럼 보이는 이들을 위해서도 우리는 기도한다. 우리는 그들이 죽어 부서져서 하느님을 위해 열렸기를, 깨지고 망가진 그들의 삶이 그럼에도 결국 완성되었기를 희망한다.

전례력은 우리 자신의 죽음을 기억하라고 거듭 요청한다. 이것은 지금 여기서 조금 더 깨어 있는 자세로 살아가라는 자극이다. 먼저 죽은 이들과 우리 자신의 죽음을 생각함으로써 우리는 우리가 죽어야 할 존재라는 사실, 우리의 삶이 끝나 가고 있다는 사실과 화해한다. 많은 사람이 자신의 삶에 끝이 정해져 있음을 두려워한다. 그런데 이는 궁극적으로 좋은 일이다. 「죽음의 사자」라는 동화를 읽어 보자. 한 거인이 너무 세게 때려 버리는 바람에 죽음이 힘없이 주저앉고 말았다. 죽음은 자기가 아무 힘도 없게 되면 과연 어떤 일이 벌어질까 곰곰이 생각했다. '내가 한구석에 그냥 주저앉으면 무슨 일이 일어날까? 그러면 이 세상에 그 누구도 죽지 않을 것이다. 세상은 사람들로 꽉 차서 발 디딜 틈도 없게 될 것이다.'

죽음이 없으면 발전도 없을 것이다. 삶에 내적 긴장이 없을 것이다. 죽음은 원수처럼 여겨질 때도 허다하지만 궁극적으로 보면 죽음은 좋은 일이고 또 은혜다. 성경의 관점도 이와 같다. 아직 건강하고 튼튼한 사람에게 죽음을 떠올리게 하면 그저 싫고 불쾌할 것이다. 하지만 이는 많은 사람에게 정말 이롭고도 마음을 자유롭게 해 주는 일이다.

아 죽음아, 자기 재산으로 편히 사는 인간에게,
아무 걱정도 없고 만사가 잘 풀리며
아직 음식을 즐길 기력이 남아 있는 사람에게
너를 기억하는 것이 얼마나 괴로운 일인가!
아 죽음아, 너의 판결이
궁핍하고 기력이 쇠잔하며
나이를 많이 먹고 만사에 걱정 많은 인간에게,
반항적이고 참을성을 잃은 자에게 얼마나 좋은가!

죽음의 판결을 두려워하지 마라.

너보다 앞서간 자들과 뒤에 올 자들을 기억하여라.

그것은 모든 생명체에게 주어진 주님의 판결이다.

그런데 어쩌자고

지극히 높으신 분의 뜻을 거역하려 드는가?(집회 41,1-4).

죽음은 끊임없이 우리의 유한함을 일깨운다. 죽음은 하느님께서 우리에게 주신 시간을 십분 활용하고 깨어 있는 자세로 생활하라고, 그리하여 우리의 삶으로써 다른 이들을 위한 축복이 되라고 요청한다. 시간은 우리에게 무한대로 주어져 있지 않다. 그래서 우리는 시간을 잘 써야 한다. 베네딕도 성인은 매일 죽음을 바로 눈앞에 그려 보라고 권고한다. 매일 죽음을 성찰하는 것은 마지막 날일 수도 있는 오늘을 의식적으로 살라는 간절한 요청이다. 우리는 스스로 이렇게 물어야 할 것이다. 내가 내 삶으로 드러내고 싶은 것은 무엇인가? 나는 내 존재로 어떤 영향을 미쳐야 하는가? 내가 죽으면 사람들이 나를 어떻게 기억해야 한다고 생각하는가? 나라는 사람과 내 삶은 사람들에게 메시지를 전하는가? 이런 물음은 우리로 하여금 삶을 더 의식적으로, 더 집중해서 살 수 있게 도와준다. 우리는 다른 이들과의 만남을 늘 의식적으로 체험할 것이다. 우리는 모든 만남에서 상대로부터 많은 것을 선사받으며, 또한 우리도 어떤 것을 선사해 준다고 느낄 것이다. 이런 물음을 곧잘 스스로 던진다면 우리는 자신의 일을 더 주의 깊게 해낼 것이며, 동시에 일에 대한 집착에서 자유로워질 것이다. 죽음에 대한 성찰은 우리가 하는 일의 중요성을 상대화한다. 우리는 자신이 옳다고 여기는 일을 당장 실행한다. 하지만 그 결실을 자신이 거두어 즐기리라는 보장이 없음도 알고 있다.

　서로 사랑하는 사람들이 죽음을 성찰할 때 그들은 흔히 한 사람이 죽어서 다른 한 사람이 홀로 남겨질까 두려워한다. 그들은 사랑의 유한함을 아프게 체험한다. 그러나 죽음에 대한 성찰은 동시에 그들에게 사랑이 죽음보다 강하다는 것을 보여 준다. 둘 중 하나가 죽어도 사랑은 죽지 않는다. 사랑은 죽음을 건너서도 계속된다. 사랑하던 그 사람은 죽어서도 우리 마음속에서 함께 걸 것이다. 그리고 우리 마음속의 사랑은 끝나지 않는다. 우리는 그리스도인이다. 그리스도인은 죽어서 다시 만날 것을 믿는다. 사랑은 죽음보다 강하다. 바로 이것이 예수님의 부활이 주는 메시지다. 사랑은 죽음 속에 머물지 않는다. 죽음은 우리의 사랑을 지금 여기서 더 강하게 행하라고, 서로를 더 주의 깊게 대하라고, 서로 싸우더라도 거듭 화해의 기회를 찾으라고 우리에게 요청한다.

　한 부인이 나를 찾아와 토로했다. 자신과 심하게 다툰 그날 밤에 남편이 죽었다는 것이다. 남편과의 마지막 시간을 그런 식으로만 보내서 부인은 죄책감에 짓눌려 있었다. 부인은 그 죄책감을 어떻게 다루어야 할지 배워야 하고 하느님께 내보여야 한다. 그래야 죄책감에 빠져 영영 헤어나지 못하는 것을 막을 수 있다. 그리고 남편이 이제 평화 속에 있으며, 부인에게 아무런 비난도 하지 않는 것을 상상해야 한다. 부부 싸움 후에 자신의 배우자가 죽을 수도 있다는 생각은, 다툰 후에는 꼭 화해하라는 어렵지만 중요한 요청이다.

베네딕도 성인은 『수도 규칙』에서 형제들에게 "불목한 자와는 해가 지기 전에 화해하라"(『수도 규칙』 4,73)고 요구한다. 여기서 베네딕도는 에페소서의 권고를 인용한다.

해가 질 때까지 노여움을 품고 있지 마십시오(에페 4,26).

여기에는 분명 심리학적 근거가 있다. 부정적 생각을 품고 밤을 맞이하는 것은 좋지 않다. 만약 그럴 경우 수도자들의 말처럼 악몽에 시달릴 것이며 다음 날에도 마음이 무겁기만 할 것이다. 그런데 이 권고는 우리와 다툰 상태가 다음 날 죽을 수 있다는 것도 염두에 두고 있다. 죽음 후까지 누군가와 갈등 관계에 있는 일은 가능하면 막아야 할 것이다.

죽음에 대한 성찰은 우리로 하여금 임종자가 겪어야 할 죽음의 과정을 처음부터 끝까지 직시하게 해 준다. 죽음의 과정에는 성숙과 완성의 단계도 들어 있다. 다른 사람의 죽음은 그냥 되는대로 살 것인가, 아니면 인간 성숙 과정의 중요 단계를 의식적으로 밟을 것인가 하는 물음 앞에 나를 세운다. 나 자신은 물론이고 내가 살아온 삶과 화해하는 것, 내게 상처 입힌 사람들과 화해하는 것, 또 내가 상처 입힌 사람에게 용서를 구하는 것 등이 그런 중요 단계다. 내가 살아오며 만든 모든 자아상과 작별을 고하는 것도 성숙의 과정에서 밟아야 할 중요 단계다. 죽음은 내가 정직의 가면을 쓰고 있지는 않은지, 가면 뒤로 부정적 측면을 감추고 있지는 않은지 살펴볼 것을 요청한다. 죽음은 우리를 진실로 인도한다. 우리 자신을 하느님께 진실하게 내보일 것을 요구한다. 우리는 죽음에 이르면 더는 자신의 진실을 회피할 수 없다. 따라서 죽음에 대한 성찰은 자신의 진실을 대면하라고, 단정한 겉모습 뒤로 우리가 숨겨 놓은 모든 것을 겸허하게 바라보라고 요청한다.

죽음의 과정에는 흔히 격한 싸움과 씨름이 따른다. 죽음의 과정은 우리의 삶도 싸움이고 씨름이라는 것을 보여 준다. 빛에 닿으려면 먼저 어둠을 지나야 한다. 우리 영혼의 파괴적 성향과 악의 권세가 우리를 유혹한다. 모든 죽음이 평화로운 것은 아니다. 모든 사람이 잠들 듯이 편안히 눈을 감는 것도 아니다. 오히려 죽음은 단말마의 고통일 때가 더 많고, 그래서 임종자는 지칠 대로 지쳐 있거나 몸부림친다. 이런 모습을 의아하게 보는 이들도 있다.

임종자는 죽음과의 싸움을 치른 후에야 평화 속에서 하느님께 자신을 온전히 맡길 수 있다. 죽음과의 싸움은 지금 살아 있는 우리도 삶과의 싸움 앞에 마주 서야 한다고 요청한다. 에페소서는 말한다.

악마의 간계에 맞설 수 있도록 하느님의 무기로 완전히 무장하십시오. 우리의 전투 상대는 인간이 아니라, 권세와 권력들과 이 어두운 세계의 지배자들과 하늘에 있는 악령들입니다. 그러므로 악한 날에 그들에게 대항할 수 있도록, 그리고 모든 채비를 마치고서 그들에게 맞설 수 있도록, 하느님의 무기로 완전한 무장을 갖추십시오(에페 6,11-13).

삶이란 점잖게만 살 수 있는 것이 아니다. 삶은 싸움이기도 하다. 우리는 우리 영혼 속에 있는, 더없이 위험한 권세의 유혹을 받는다. 그것은 이 세상에 막대한 영향을 미치는 권세, 곧 권력과 폭력, 증오와 파괴, 맹목적 분노, 분열과 말살이다. 우리는 이런 권세를 우리 영혼의 깊은 곳에서도 자각할 수 있다. 여기서 카를 융은 집단 무의식을 말한다. 융에 따르면 집단 무의식에는 종교적 상징과 표상만 아니라 파괴적 힘 또한 들어 있다. 그래서 예부터 적잖은 동화가 인간의 삶을 용과의 싸움으로 묘사한 것이다.

성경 속에 널려 있는 싸움의 표상을 어떻게 받아들여야 할지 몰라 어려워하는 사람이 많다. 구약 성경은 역사상 벌어진 싸움에 대해 이야기한다. 하지만 우리가 역사적 지식을 쌓으려고 성경 말씀을 읽는 것은 아니다. 외적으로 일어나는 싸움은 우리가 끝까지 겪어 내야 할 내적 싸움을 가리키는 표상이다. 시편은 그런 싸움으로 가득하다. 시편을 기도하며 우리는 삶과 죽음에서 결국 중요한 것이 무엇인지 표현한다. 그것은 다름이 아니라 우리가 악한 자들과 맞설 때, 우리 영혼의 원수와 싸울 때 하느님께서 우리를 보호하시기를 바라는 마음, 원수에게 압도될 때 우리를 강하게 하시기를 바라는 마음이다.

동반자는 환자들에게 시편 기도를 즐겨 읽어 준다. 가령 시편 124장이 있다. 여기에 나오는 표상을 우리는 죽음의 과정뿐 아니라 우리 삶을 가리키는 표상으로도 이해할 수 있다.

> 사람들이 우리를 거슬러 일어났을 때
> 주님께서 우리를 위하지 않으셨던들,
> 우리를 거슬러 저들의 분노가 타올랐을 때
> 우리를 산 채로 삼켜 버렸으리라.
> 물살이 우리를 뒤덮고
> 급류가 우리 목 위로 넘쳐흘렀으리라.

거품 뿜는 물살이

우리 목 위로 넘쳐흘렀으리라(시편 124,2-5).

이 시편은 신뢰에 가득 찬 말로 끝을 맺는다.

우리를 저들 이빨의 먹이로 내주지 않으신

주님께서는 찬미받으소서.

우리는 사냥꾼의 그물에서

새처럼 벗어났네.

그물은 찢어지고

우리는 벗어났네(시편 124,6-7).

이 구절도 사냥꾼의 그물에서 벗어나며 모든 외적 공격으로부터 자유로워지는 임종자에게 해당된다. 하지만 우리는 이 말씀을 희망의 표현으로 기도하기도 한다. 우리가 삶의 싸움에서 무너지는 것이 아니라, 우리를 억누르는 모든 것으로부터 자유로워지기를 바라는 희망에서 말이다.

죽음의 과정은 자신을 그대로 내려놓고 하느님의 자애로운 품에 안기는 데서 절정에 이른다. 죽는다는 것은 내려놓는다는 뜻이다. 하지만 우리는 우리 자신과 우리에게 중요한 모든 것을 그대로 내려놓는 것이 얼마나 어려운 일인지 잘 알고 있다. 외적 역할을 내려놓는 것도 중요하다. 죽음 앞에서는 모두가 평등하다. 중세의 죽음의 무도가 말하고자 한 바도 이것이다. 죽을 때는 어떤 직업을 가졌는지, 사람들 사이에서 누린 평판이 어땠는지 전혀 중요하지 않다. 중요한 것은 지금 모습 그대로 하느님을 만나는 것이다. 껍데기는 죄다 놓아 버려야 한다. 이것은 소유 재산에도 해당된다. 평생을 일해 벌어 놓은 것을 손에서 놓는다는 것은 많은 사람에게 결코 쉬운 일이 아니다. 우리 어머니는 내게 늘 말했다. "사람은 살아서 손에 온기가 있을 때 베풀어야 하는 법이란다." 많은 사람이 마지막 순간까지 가진 것을 손에 꽉 쥐고 놓지 않는다. 한 사람이 죽으면 그 재산이 후손에게 상속된다. 그런데 특히 갈등은 한 사람이 모든 것을 손에 쥐고 있을 때 친지들 간의 상속 문제로 벌어진다. 그러면 재산은 축복이 아니라 저주가 된다.

    사람은 자신의 건강과 기력, 그리고 삶에 대한 모든 통제를 놓아 버릴 줄 알아야 한다. 모든 것을 통제하며 살아온 이들은 스스로를 내려놓는 것을 아주 어려워한다. 임종자를 돌보려고 할 때는 먼저 우리부터 삶에 대한 통제를 놓아 버릴 준비가 되어 있는지 반드시 돌아봐야 한다. 물론 우리가 삶을 마음대로 주도할 수 있고 스스로 모든 것을 계획하여 실행할 수 있다면 얼마든지 좋은 일이다. 하지만 죽을 때는 그 모든 것을 손에서 놓아야 한다. 그리고 모든 것을 손에 쥐고 있는 것 같아도 실은 아니라는 사실을 아직 살아 있을 때부터 연습하면 좋을 것이다. 결코 우리는 삶을 우리 손에 쥐고 있지 않다. 얼마나 오래 살 것인지, 얼마나 건강하게 살 것인지는 우리 손에 달려 있지 않다. 물론 노력하면 부분적으로는 건강한 삶에 도움이 될 것이다. 하지만 우리는 육체적 건강뿐 아니라 정신적 건강도 마음대로 할 수 없다는 사실을 늘 의식해야 한다.

그러나 죽음에 이를 때뿐 아니라 삶 속에 있을 때도 결국 중요한 것은 '자아'(ego)를 내려놓는 것이다. 세상살이를 잘하려면 강한 자아가 필요하다. 그럼에도 나이가 들어 갈수록 자아의 지배를 내려놓는 것이 점점 더 중요해진다. 자아는 늘 무언가를 소유하려 들며 무언가에 도달하려 한다. 그리고 사람들 앞에서 과시하고 싶어 한다. 자아는 자신에게 집착하고 자신에게 편안한 것만 생각한다. 그런데 자아는 우리가 죽을 때 단순히 사라지지 않는다. 인격은 존재의 무한한 바다 속으로 사라지지 않는다. 인격은 우리가 죽을 때 하느님의 사랑과 만나는데, 그분의 사랑은 그때까지 우리가 만들어 간 그 모습 그대로 전부 다 받아들인다. 자아로부터 벗어나서 그분의 사랑 속에 나를 내려놓는 것, 다름 아닌 이것이 가장 중요한 일이다. 그래야 인격의 본디 얼굴이 드러날 수 있다. 자아는 인간 존재의 본질을 곧잘 왜곡하기 때문이다. 융은 자아가 참된 '자기'(self)를 왜곡한다고 말한다.

자기는 하느님께서 우리 인간을 만드실 때 원하신 진정한 모습, 순수한 모습으로 인격의 본질이다. 죽음에 이를 때는 하느님께서 주신 본래의 모습이 그 자체로 빛을 발하는 것이 중요하다. 그런데 이는 살아 있을 때도 가장 중요한 것이다. 따라서 임종자는 우리를 다음과 같은 물음 앞에 세운다. 나는 과연 누구인가? 내 진정한 자기는 무엇인가? 나는 삶의 어느 부분에서 역할을 행하고 있는가? 어느 부분에서 내가 가진 역할과 가면 뒤에 자신을 숨기고 있는가? 또 삶의 어느 부분에서 자아상을 세워 놓고, 나 스스로 그 자아상을 믿으며, 또 주위 사람들에게 보여 주고 있는가? 하느님께서 만드신 내 진정한 모습은 어떤 것인가? 이런 물음에 대해 숙고해 보면 우리가 삶에서 겪고 있는 몇 가지 문제는 무의미해지고 상대화될 것이다. 남들이 나를 어떻게 생각하는지 더는 중요하지 않게 된다. 많은 사람이 통제권을 놓아 버리면 자신의 원초적 모습이 드러날까 봐 두려워한다. 이런 두려움 뒤에는 자신에 대한 부정적 인식이 숨어 있다. 그들은 특히 자신의 어두운 측면이 드러나는 것을 무서워한다. 하지만 어두운 측면 뒤에는 인간의 본디 모습이 빛나고 있다. 그리고 그것은 인간 속에 머무시는 하느님의 아름답고 흠 없으며 순수하신 모습이다.

죽음에 관심을 기울이는 것이 우리 삶에 아주 이롭다는 사실은 나이가 들어 죽음을 앞둔 이들에게서 확인할 수 있다. 어떤 이들은 죽음을 심리적으로 억압하고 삶에 끔찍이 집착한다. 그들은 의사를 무서워한다. 의사에게 큰 병을 진단받을 수도 있지 않냐는 것이다. 그리고 부정적 진단을 받으면 두려움에 떨며 갖은 수단을 다 써서 병을 물리치려 한다. 그들은 이 병원 저 병원을 전전하며 모든 치료법을 시도해 보느라 막대한 금액을 지불한다. 일반적 의료 기술뿐 아니라 대체 의학, 심령 치료 등 가능한 모든 방법을 다 쓴다. 그들은 무슨 일이 있더라도 죽음을 모면하려 든다.

하지만 죽음에 대한 준비가 속으로 되어 있는 사람은 느긋하게 병을 대한다. 그리고 나이가 들어도 여유 있고 침착하다. 자신에게 친절하고 몸 관리도 잘한다. 그렇다고 불안에 가득 차서 다람쥐 쳇바퀴 돌리듯 건강 문제만 생각하는 것은 아니다. 죽을 준비가 되어 있으면 삶을 자유롭고 느긋하게 대할 수 있다. 감사하는 마음으로 삶을 즐길 수 있고, 하루하루를 하느님께서 주시는 선물로서 은혜롭게 받아들일 수 있다. 또 그로써 그 자신이 다른 이들을 위한 선물이 된다. 이와 달리 모든 것을 자신의 건강과 연결하여 생각하고 행동하는 사람은 친지들을 괴롭히기 일쑤다. 그런 사람은 건강염려증 환자가 되는 일이 허다하다. 입만 열면 제 건강과 병에 대해 이야기할 뿐 아니라, 몸이 조금만 불편해도 예민하게 반응하여 의사에게 달려간다. 그리고 모든 증상에 대해 정확한 진단을 받겠다고 주장한다.

우리 어머니는 세상을 떠나기 몇 해 전부터 당신은 준비가 되어 있다고 곧잘 말했다. 그런데 아직 살아 숨 쉬는 것에 대해서도 감사히 여겼다. 간호를 받아야 할 처지가 되고, 또 죽음의 징조가 나타나기 시작하자 조카딸이 결혼식을 올릴 때까지만 살고 싶어 했다. 그 후에는 첫 증손자가 태어날 날을 손꼽아 기다렸고, 그날이 오자 감사하는 마음으로 기뻐했다.

임종자 중에는 자기 생일을 지내거나 가족 잔치나 행사에 참석하고 나서 세상을 떠나려고 애를 쓰는 사람이 있다. 이것은 정당한 일이다. 그러고 나면 그들도 떠날 준비가 되어 있다. 이런 마음가짐은 체념이 아니다. 도리어 삶을 실컷 살았다는 느낌, 그래서 평화로이 죽을 수 있다는 느낌이다. 늙은 시메온은 이 느낌을 작별의 노래로 표현했다.

주님, 이제야 말씀하신 대로
당신 종을 평화로이 떠나게 해 주셨습니다.
제 눈이 당신의 구원을 본 것입니다(루카 2,29-30).

노인들은 자신의 삶에서 무엇인가 온전해지는 것을 보고서 죽기를 바란다. 자녀들과의 관계가 온전해지는 것, 딸이 자녀를 낳는 것, 아들이 시험에 붙는 것을 보고서 죽기를 원한다.

마음속 가장 깊은 곳에 간직하고 있던 소원이 성취되는 것을 보고 싶어 한다. 자식들이 축복과 보호를 받고 있다는 느낌을 받고 싶어 한다. 그제야 그들은 세상을 떠날 때 자식들의 손을 놓을 수 있다.

예수님의
마지막 일곱 말씀

그리스도교 전통은 예수님께서 십자가에 못 박히신 채로 하신 일곱 말씀을 늘 묵상해 왔다. 나는 십자가의 일곱 말씀을 죽음을 연습하기 좋은 방법으로 생각한다. 일곱 말씀에 대한 묵상은 자신의 죽음을 새로운 관점에서 바라보고 죽음이 우리에게 부여한 가장 중요한 과제를 실행하는 데 도움이 된다. 그리고 일곱 말씀은 임종자를 위한 위로의 말씀이기도 하다.

우리는 십자가의 일곱 말씀을 임종자에게 천천히 읽어 줄 수 있다. 또 임종자가 음악을 좋아할 때는 일곱 말씀이 담긴 음악을 들려줄 수도 있다. 예를 들어 하인리히 쉬츠Heinrich Schütz는 여기에 인상 깊은 멜로디를 붙였다. 요제프 하이든Joseph Haydn은 예수님의 일곱 말씀을 성악 없이 악기로만 해석했다. 우리는 하이든의 그 작품에서 하느님을 향한 신뢰를 분명히 알아들을 수 있다. 그것은 우리가 온갖 인간적 고통과 고난을 그대로 가진 채 하느님의 사랑 안에서 보호받고 있다는 신뢰다. 그 작품은 절망의 울부짖음까지 아름다운 선율 속으로, 하느님의 평온한 품으로 들어 올리는 낙관적 음악이다. 그 작품에는 우리를 기다리고 있는 천국의 소리가 이미 담겨 있다. 우리는 말씀을 따로 더 읽을 필요가 없다. 우리를 치유하고 구원하는 말씀의 효과를 그 작품 안에서 체험할 수 있기 때문이다. 여기서는 우리의 구원과 죽음의 변화가 이미 일어나고 있다. 변화는 벌써 일곱이란 숫자에 표현되어 있다. 예수님의 일곱 말씀은 우리의 죽음을 구원의 죽음으로 변화시키는 일곱 단계를 묘사한다.

첫 번째 말씀은 기도의 말씀이다.

아버지, 저들을 용서해 주십시오. 저들은 자기들이 무슨 일을 하는지 모릅니다(루카 23,34).

복음사가 루카는 예수님을 기도하는 인간으로 묘사한다. 예수님은 중요한 상황에 처할 때마다 기도를 바치신다. 그분은 수난을 당하기 전 올리브 산에서, 그리고 십자가 위에서 기도하신다. 기도는 우리 죽음의 과정을 변화시킨다. 예수님처럼 우리도 마지막 순간에 기도할 수 있다면 죽음이 우리를 마음대로 하지 못할 것이다. 마지막 순간에도 하느님은 우리를 붙잡아 주시며, 우리는 어떠한 곤경에 처해도 그분께 도움을 청한다. 많은 중증 환자가 자신이 다른 이들을 위해 기도해 줄 수 있다는 데서 여전히 남아 있는 삶의 의미를 발견한다. 그들은 병에 걸린 자신의 처지를 한탄하는 대신, 오히려 다른 이들을 위해 기도하는 데 이용한다. 이로써 그들의 죽음은 예수님의 죽음과 마찬가지로 다른 사람을 위한 축복이 된다.

예수님은 당신을 죽이려고 드는 자들을 위해 기도를 바치신다. 하느님께 그들을 용서해 주시기를 청하는 기도다. 예수님이 당신을 살해하는 자들까지 용서하시니, 우리는 그분께서 우리 안에 있는 모든 것을 용서하신다는 사실을 믿을 수 있다. 예수님의 말씀을 마음 깊이 받아들일 때 우리는 자책을 멈추고 그분의 용서에 대한 신뢰도 커진다. 이로써 우리는 죽음에 이를 때 조금 더 편해진다. 많은 사람이 스스로를 용서하지 못해서 죽지 못한다. 그들은 너무 많은 잘못을 저지른 자신을 꾸짖는다. 예수님의 말씀은 우리 자신을 용서하라고 요청한다. 우리 삶의 모든 것이 하느님의 용서로 에워싸여 있기 때문이다. 어떤 이들은 자신에게 나쁜 짓을 한 사람을 용서하지 못해서 죽을 때도 자신을 잘 내려놓지 못하고 괴로워한다. 그래서 예수님의 첫 번째 말씀은 우리에게 상처를 준 사람을 용서할 것을 권유한다. 용서하지 못하는 사람은 자신에게 상처를 준 사람에게 매달려 있다. 곧, 그 사람이 자신을 좌우하게 허락하는 것이다. 그리고 상처로 인한 부정적 에너지를 계속 자기 내면에 남겨 두는 것이다. 많은 사람이 용서를 아주 힘들어한다. 그런데 그들이 따로 만나서 용서를 해야 하는 것은 아니다. 그저 예수님의 이 기도 말씀을 자신에게 상처를 준 사람을 향해 바치려고 노력하면 된다. 그러면 기도하는 사람의 가슴속에서 무엇인가 변화한다. 단단히 굳어 있던 것이 부드럽게 풀리고 상처를 놓아 버릴 수 있게 된다. 우리가 바치는 기도 말씀을 통해 하느님께서 몸소 우리 안에서 내적 자유와 타인을 향한 용서를 이루어 내신다.

두 번째 말씀 역시 복음사가 루카가 전해 주는 것으로, 예수님께서 당신 오른쪽에 달린 죄수에게 하신 약속이다.

너는 오늘 나와 함께 낙원에 있을 것이다(루카 23,43).

이 말씀은 죽음에 대한 우리의 두려움을 거두어 간다. 많은 사람이 하느님 앞에서 버텨 내지 못할까 봐 두려워한다. 그분 앞에 내놓을 만한 것이 없다고 생각하기 때문이다. 예수님 오른쪽에 달린 죄수는 아무것도 내보일 것이 없는 사람이다. 루카는 그 사람을 악인이라 부른다. 악인은 살면서 나쁜 짓을 한 사람이다. 하지만 어쩔 도리가 없는 상황에 처한 그 순간 죄수가 신뢰에 찬 마음으로 예수님께 청한다. "예수님, 선생님의 나라에 들어가실 때 저를 기억해 주십시오." 바로 그 순간으로 족했다. 예수님은 죄수가 바로 그날 당신과 함께 낙원에 있을 것을 약속하신다. 모든 것이 조화를 이룬 곳, 죄수인 그 사람이 자기 자신은 물론이고 하느님과 평화를 누릴 특권이 있는 그곳 말이다.

많은 임종자가 자신이 그릇된 일을 많이 저지르며 살았고 자기 자신과 하느님을 그저 지나쳐 왔음을 알고 있다. 모든 잘못을 당장 다 고쳐야 할 필요는 없다. 자신을 부숴서 예수님의 현존 앞에 내놓는 것으로 충분하다. 바로 그 순간 죽음이 변화한다. 그러면 무의식 속에 단단히 박혀 있는 심판에 대한 두려움도 사라진다. 살면서 제대로 이루지 못하고 놓쳐 버린 것들을 예수님께 가져가서 도움을 청하면 낙원에 들어가리라는 희망이 자라날 것이다. 그들은 거기서 그치지 않고 그 순간 낙원의 일부를 체험할 수 있다. 죽음의 과정 자체가 신뢰와 희망에 찬 이행 과정으로 변화된다. 예수님의 두 번째 말씀을 하이든의 아름다운 작품으로 듣는다면 그들은 이 세상을 떠날 때 미리 낙원을 알아챌 수 있을 것이다. 그때 그들은 고통 가운데서 이미 낙원에, 평화롭고 아름다운 세계에 있을 것이다.

세 번째 말씀은 예수님께서 당신 어머님을 돌보시기 위해

하신 말씀이다.

> 어머니에게 말씀하셨다. "여인이시여, 이 사람이 어머니의 아들입니다." 이어서 그 제자에게 "이분이 네 어머니시다" 하고 말씀하셨다(요한 19,26-27).

많은 사람이 배우자와 자식들을 걱정한다. 그들이 혼자 내버려졌다고 느낄까 봐, 혹은 유산 상속 문제로 다툴까 봐 불안해한다. 어떤 이들은 자식들이 줄곧 서로 등지고 살아서 죽기 힘들어한다. 부모의 임종 때가 되어도 자식들이 자리에 함께 있을 수 없는 현실에 괴로워하는 것이다. 당신 어머니를 염려하고 배려하는 예수님의 말씀은 그런 이들의 두려움을 없애 주려 한다. 그리고 남은 이들이 다시 화합하고 서로를 돌보리라는 신뢰를 선사하려 한다. 또 이 말씀은 임종자에게 그들도 남은 이들에게 축복과 배려, 염려와 사랑의 말을 해 주라고 요청한다.

그런데 세 번째 말씀에는 한 가지 의미가 더 있다. 십자가 아래서는 남성과 여성이 하나가 된다. 우리를 서로 분열시키곤 했던 대립된 것이 그 아래서는 하나가 된다. 예수님은 요한 복음서에서 다음과 같이 말씀하신다.

나는 땅에서 들어 올려지면 모든 사람을 나에게 이끌어 들일 것
이다(요한 12,32).

십자가의 몸짓은 감싸 안음의 몸짓이다. 예수님은 십자가
위에서 우리 안에 있는 온갖 대립된 것을 모두 감싸 안으신다.
우리의 강함과 약함, 건강과 질병, 희망과 절망, 신뢰와 두려움
등을 말이다. 우리 안에 있는 모든 것이 그분의 십자가 아래서
서로 하나가 된다. 따라서 우리는 우리가 죽을 때도 지금껏 서
로를 분열시키고는 했던 것이 서로 하나가 되리라는 것을 믿
어도 된다. 또 우리는 예수님께서 우리의 죽음을 통해서도 가
족들 사이의 분열과 각 개인의 내적 대립을 치유하실 것을 희
망해도 된다.

네 번째 말씀은 버림받았다는 절규이다.

저의 하느님, 저의 하느님, 어찌하여 저를 버리셨습니까?(마태 27,46).

예수님의 말씀은 우리가 버림받은 것만 같을 때 하느님 앞
에서 그 감정을 말로 표현할 용기를 북돋아 준다. 어떤 이들은
죽음에 이를 때 하느님께서 아주 멀리 계시며 당신 얼굴을 감

취 버리셨다는 느낌, 혹은 하느님께서 자신을 버리셨다는 느낌을 받는다. 예수님이 하느님에게서 정말 버림받은 것이 아니냐고 묻는 사람이 많다. 어쨌든 예수님은 버림받았다고 느끼셨다. 이것은 하느님께서 예수님을 버리신 것이 아니라, 예수님이 당신이 가진 하느님상으로부터 버림받은 것이라고 말할 수 있다. 곧 우리도 죽을 때 하느님에게서 버림받지 않는다. 하지만 우리는 지금껏 알고 있던 하느님께서 우리를 버리셨다는 인상을 곧잘 받는다. 우리를 늘 신뢰로 채워 주셨던 하느님께서 정작 우리에게 두려운 상황이 닥치자 갑자기 떠나셨다는 인상이다. 하지만 예수님은 버림받은 것만 같은 상태에서 멈춰 있지 않으신다. 예수님은 그 이유가 무엇인지 하느님께 직접 물으신다. 이로써 버림받은 상태를 상대화하신다. 버림받은 상황 속에서도 예수님은 당신 아버지와 계속 관계를 맺고 대화를 나누신다. 그리고 예수님께서 아버지 하느님께 던지시는 물음은 시편 22장의 첫 구절이다. 복음사가 마태오가 예수님의 절규를 서술하는 방식을 보면 그분이 십자가 위에서 이 시편 전체를 기도하신 것을 전제하고 있다. 이 시편에서 예수님은 당신이 처한 곤경을 낱낱이 하느님께 알려 드린다.

제 마음은 밀초같이 되어
속에서 녹아내립니다.

저의 힘은 옹기 조각처럼 마르고
저의 혀는 입속에 들러붙었습니다.
당신께서 저를 죽음의 흙에 앉히셨습니다(시편 22,15-16).

하지만 예수님은 기도를 이어 가는 가운데 하느님께서 당신을 구하실 것이라는 신뢰를 결국 얻는다.

당신께서는 저에게 대답해 주셨습니다.
저는 당신 이름을 제 형제들에게 전하고
모임 한가운데에서 당신을 찬양하오리다.
[…]
그분께서는 가련한 이의 가엾음을
업신여기지도 싫어하지도 않으시고
그에게서 당신 얼굴을 감추지도 않으시며
그가 당신께 도움 청할 때 들어주신다(시편 22,22-23.25).

예수님은 이 절규를 통해 우리에게 말씀하신다. 버림받는 것이 두려울 때라도 신뢰의 원천을 우리 안에서 찾으라고 촉구하신다. 신뢰는 우리로 하여금 죽음에 대한 두려움을 뚫고 나아가게 해 준다. 우리는 모든 절망과 버림받은 처지를 하느님께 말로 표현해야 한다. 그리고 예수님처럼 신뢰해야 한다.

하느님은 우리에게 대답을 주시고 우리의 버림받은 상태를 보호받는 상태로, 확고한 믿음으로 변화시키신다.

예수님이 십자가 위에서 하신 **다섯 번째 말씀**은 짧지만 뜻깊다.

목마르다(요한 19,28).

십자가에 못 박히신 예수님은 사랑과 삶에 목말라하는 우리와 유대 관계를 맺으신다. 그분은 우리가 죽음에 이를 때 겪어야 할 위기를 아신다. 죽을 때 우리는 목구멍이 완전히 말라 버렸다는 느낌을 받곤 한다. 사랑을 갈구하며 우리 손을 잡아 줄 사람을 애타게 기다린다. 특히 죽을 때 우리는 가까운 사람들, 우리를 사랑해 주는 사람들을 갈구한다. 예수님의 이 짧은 말씀을 통해 복음사가 요한은 사랑을 향한 우리의 갈망이 채워지리라는 것을 말하고자 한다. 요한은 우리 곁에 서 있는 사람들, 우리를 사랑으로 든든히 지지해 주는 사람들을 바라보라고 한다. 우리가 예수님의 사랑에 감싸여 있음을 보여 주려고 한다. 또한 복음사가 요한은 이 말씀을 통해 다른 한 가지를 더 말한다.

그 뒤에 이미 모든 일이 다 이루어졌음을 아신 예수님께서는 성경 말씀이 이루어지게 하시려고 "목마르다" 하고 말씀하셨다(요한 19,28).

곧, 예수님의 죽음은 성경 말씀에 따른 것이다. 그분은 당신에 대한 구약 성경 말씀을 당신 죽음으로 이루셨다.

이 약속은 우리의 죽음에도 해당된다. 우리 죽음도 어떤 처벌이나 실패가 아니라 인간 전체에 대해, 그리고 우리 개인에 대해 성경 속에 담겨 있는 말씀이 이루어지는 것이다. 우리의 죽음은 하느님의 뜻에 따른 것이다. 우리는 죽음에 이를 때 하느님과 일치를 이룰 뿐 그분에게 버림받는 것이 아니다. 죽음의 과정을 너무 고통스레 겪더라도 우리는 하느님의 손에서 떨어져 나가지 않는다. 이 모든 것이 성경 말씀에 부합한다.

복음사가 요한은 군인들이 당신 입에 갖다 댄 신 포도주를 예수님이 드셨다고 쓰고 있다. 그분은 우리가 죽을 때 내면으로부터 올라오는 온갖 쓴 것을 남김없이 드셨다. 우리가 가진 회한의 잔을 남김없이 비우시며, 이로써 그분은 우리로 하여금 진정한 목마름, 사랑을 향한 목마름과 만나게 해 주신다. 그리고 그분은 십자가 위에서 당신 가슴을 여시어 우리의 갈증을 값싸고 하찮은 것이 아닌 당신 사랑으로 달래도록 해 주신다. 오직 그분의 사랑만이 우리의 갈증을 가시게 할 수 있다.

그러므로 예수님의 다섯 번째 말씀은 우리에게 그분의 사랑을 일깨운다. 죽음에 이를 때 우리의 목마름을 영원히 가시게 해 줄 그분의 사랑 말이다.

여섯 번째 말씀은 '테텔레스타이'(*tetelestai*)라는 단 한 단어의 그리스어로 되어 있다.

다 이루어졌다(요한 19,30).

복음사가 요한의 관점에서 예수님이 십자가 위에서 완성하신 것은 다름 아닌 사랑의 일이다. 요한이 그분의 수난에 대한 기록을 다음과 같은 말로 시작하는 것도 이 때문이다.

그분께서는 이 세상에서 사랑하신 당신의 사람들을 끝까지 사랑하셨다(요한 13,1).

"다 이루어졌다"라는 말씀은 승리와도 같다. 예수님은 당신의 사랑을 변함없이 끝까지 지키셨다. 그분을 적대하는 자들의 방해에도 굴복하지 않고 당신의 친구들을 끝까지 사랑하셨다.

친구들을 위하여 목숨을 내놓는 것보다 더 큰 사랑은 없다(요한 15,13).

그분은 당신의 친구인 나를 위해 목숨을 걸으셨다. 이제 이 헌신이 완성되었다. 그러므로 하느님의 영광, 하느님 사랑의 아름다움이 십자가에서 이미 밝게 빛나고 있다.

그리고 그분은 이 사랑이 십자가 위에서 내려와서 우리 모두에게 흘러들게 하신다. 복음사가 요한은 이를 다음과 같은 말씀으로 표현한다.

이어서 고개를 숙이시며 숨을 거두셨다(요한 19,30).

예수님은 돌아가실 때 우리 쪽으로 고개를 숙이고 당신 사랑의 영을 우리에게 부어 주신다. 이 구절은 라틴어로 '트라디디트 스피리툼'(tradidit spiritum)인데, "그분께서는 당신의 영을 넘기셨다"라는 뜻이다. 예수님의 영은 그리스도교 전통 안에서 우리에게 전해지고 넘겨진다. 우리는 죽음 가운데서 우리의 사랑을 다른 사람들에게 넘겨주어야 한다. 그리고 죽음의 과정을 사랑의 헌신으로 이해해야 한다. 그러면 우리가 죽음 가운데서 주위 사람들을 위한 축복이 된다. 우리는 우리 사랑의 영을 그들에게 내어 준다. 우리의 삶을 우리 자신을 위해 움켜쥐고 있지 않는다. 삶에 집착하지 않고 예수님처럼 사랑과 삶과 영을 곁에 있는 사람들에게 내어 준다.

    요한 복음서에서 예수님은 이 말씀을 끝으로 당신 삶을 마감하신다. 그런데 이 말씀에는 또 다른 의미가 있다. 우리는 죽게 되면 우리 삶이 완전히 부서져 버릴까 봐 두려워한다. 죽음 앞에 서면 지금껏 세워 놓은 모든 것이 무너져 내린다. 가정이 깨질 수도 있다. 우리는 자신이 부서지기 쉬운 존재임을 알고 있다. 어떤 이들은 삶의 마지막 시기에 자신의 삶이 한 무더기 부서진 조각들이라는 느낌을 받는다. "다 이루어졌다. 온전하게 되었다. 함께 모았다"라는 말씀은 하느님께서 죽음 가운데서 우리 삶을 완성하실 것이며, 부서진 것들을 한데 모아 맞추실 것이라는 신뢰를 우리 마음에 불러일으킨다. 지금껏 살아오며 파편에 불과했던 것이 우리 죽음 안에서 온전하게 된다. 부서져 버린 것들이 다시 맞춰져서 완전하게 된다. 우리 삶은 완전히 망가지는 것이 아니라, 하느님께서 저마다의 삶을 위해 미리 마련해 두신 그 모습으로 완성된다. 그리고 우리는 죽음에 이를 때 예수님과 함께 다음과 같이 말할 수 있기를 희망한다. "다 이루어졌다. 우리는 삶을 끝까지 잘 이끌어 왔다. 우리 삶은 온전하게 되었다. 예수님의 삶처럼 우리 삶도 다른 이들을 위한 축복이 되었다."

일곱 번째 말씀은 복음사가 루카가 예수님의 마지막 말씀으로 전하는 것이다.

아버지, '제 영을 아버지 손에 맡깁니다'(루카 23,46).

이 말씀은 신실한 유다인들의 저녁 시편인 시편 31장에 실린 말씀이다. 신실한 유다인들이 이 저녁 시편을 성전에서 기도하는 데 반해, 예수님은 이를 십자가 위에서 기도하신다. 그런데 그분은 여기서 '아버지'라는 말을 덧붙이는데, 아람어로 '아빠', '사랑하는 아버지'라는 뜻이다. 이 말은 하느님께 붙여진 아주 다정한 애칭이다. 십자가 위에서 그토록 잔인한 죽음을 맞으시면서도 예수님은 이 다정한 말을 사용하신다. 그분은 당신 영을 아버지 같고 또 어머니 같은 하느님의 손에 맡기신다. 그분은 어둠 한가운데가 아닌, 하느님의 자애로운 품에 들어가신다.

예수님의 일곱 번째 말씀은 한 가지를 더 말해 준다. 곧 저녁 기도를 드릴 때 우리는 이 말씀과 함께 자신을 하느님의 선하신 손에 맡긴다는 것이다. 그분 손안에서 안전히 보호받고 편안히 잠들 수 있도록 말이다. 매일 저녁마다 바치는 기도는 결국 죽음의 연습이다. 자신이 내일 아침 건강한 모습으로 다시 일어날 수 있을지 없을지 우리는 모른다. 저녁의 기도 의식은 죽음 또한 하느님의 선하신 손에 안기는 것, 그분의 사랑 안에 편히 쉬는 것일 뿐 별다른 것이 아니라는 사실을 보여 준다. 죽음 속에서 우리를 기다리고 있는 것은 다시는 취소되지 않을 최종적 보호다. 우리는 죽음 속에서 하느님의 선하신 손으로 영원히 받들어지며, 또한 사랑을 받는다. 일곱 번째 말씀에서는 죽음에 대한 온갖 두려움이 극복된다. 이제 죽음은 하느님의 다정한 손에 우리 자신을 맡기는 일로 변화한다.

예수님의 일곱 말씀을 묵상하면 이 말씀들이 죽음에 대한 우리의 두려움을 거두어 간다. 또 이 말씀들은 우리를 인간다운 죽음으로, 그리스도적 죽음으로 이끌어 준다. 일곱 말씀은 바르게 죽기 위해, 인간 존엄에 합당하게 죽기 위해 우리가 밟아야 할 중요 단계를 보여 준다. 예수님은 우리가 죽음에 대해 가진 무의식적 표상, 죽음을 너무나 힘겹게 만들곤 하는 표상을 향해 이 말씀들을 하신다. 무의식적이기는 하지만 우리는 죽음을 무섭고 위협적인 것으로 생각하며 산다. 패배 의식, 우리 삶이 아무런 가치가 없다는 의식이 그런 생각 중 하나다. 혹은 하느님께서 이제 벌을 내리실 것이며 우리가 하느님의 심판을 버텨 내지 못할 것이라는 생각, 우리가 저지른 모든 잘못에 대해 벌을 받으리라는 생각도 죽음에 대한 부정적 표상에 속한다. 예수님의 마지막 일곱 말씀은 우리를 두려움에 떨게 하는 표상, 무력하게 하는 표상을 변화시킨다. 이로써 우리가 바람직한 표상을 가지고 죽음을 맞게 한다. 일곱 말씀을 직접 묵상하거나, 하인리히 쉬츠나 요제프 하이든의 음악으로 들으며 온몸으로 체험한다면 죽음의 과정이 질적으로 달라질 것이다. 위협적 표상은 신뢰와 사랑, 확신과 희망의 표상으로 대치될 것이다. 두려움이 머물던 자리에는 어머니 같고 아버지 같은 하느님 손의 표상이 들어설 것이다. 그분의 손은 우리를 기다리고 있다. 그분의 손은 우리를 영원히 받아들이고 붙잡아 줄 것이다.

유가족의
애도

죽음에는 당연히 슬픔이 따른다. 이것은 임종자의 가족뿐 아니라 임종자 본인에게도 해당된다. 지난 삶에 대해 아무리 감사한다고 해도 슬퍼할 일은 늘 있기 마련이다. 임종자는 다른 삶이 아니라 지금 이 삶을 살아왔고, 모든 것이 완벽하지는 않았으며, 어떤 것은 산산조각 났다. 임종자는 자신의 삶에 한계가 있음을 슬퍼해야 한다. 임종자는 살면서 좋지 않았던 모든 것을 애도해야 한다. 그는 상처를 받았고, 진실하게 사는 데 방해도 받았으며, 남에게 상처를 입히기도 했고, 잘못된 결단도 내렸고, 또 죄도 지었다. 별다를 게 없었고 잘못투성이였으며 편협했던 그 모든 것에 대해 애도할 때만 그는 자신이 살아낸 것에 대해 감사할 수 있다. 많은 임종자가 말한다. "나는 좋은 삶을 살았다." 이렇게 말할 수 있는 이들은 삶을 손에서 내려놓고 하느님께 넘겨드릴 준비가 되어 있다.

삶이 원하는 대로 굴러가지 않았다고 자책하는 사람들이

많다. 그만큼 그들은 하느님께 자신을 맡기기 어려워한다. 그래서 자신의 삶과 화해하는 것이 바람직한 죽음의 결정적 요소다. 그런데 이 화해는 과거를 아파하는 과정을 거쳐야만 이루어진다. 자책에 사로잡힌 사람은 자신이 삶에 대해 세워 놓은 관념에 매달리느라 결국 한 걸음도 나아가지 못한다. 그는 삶에 대한 환상에 매달린다. 지난 삶을 애도하는 것은 이런 관념과 환상에서 그를 해방할 뿐 아니라, 자기 내면에서 성장한 것을 감사하는 마음으로 자각하게 해 주고, 자신의 현재 모습을 긍정하게 해 준다.

많은 임종자가 또 애도하는 것은 사랑하는 사람을 두고 가야 한다는 사실이다. 가령 배우자를 홀로 둬야 하는 사람이 그렇다. 암에 걸린 한 부인이 죽음과 화해했다. 죽을 준비, 삶을 내려놓을 준비가 되어 있었다. 하지만 부인은 남편이 아내의 죽음을 받아들여야 한다는 사실을 두려워했다. 부인은 남편이 그녀의 죽음을 감당하지 못할 것이며, 혼자서는 삶을 꾸려 갈 수 없을 것이라고 생각했다. 이럴 때는 하느님께 이 두려움을 보여 드리는 것이 중요하다. 그리고 남편이 슬픔을 헤쳐 나가며 자신이 가진 능력과 가능성을 찾게 해 달라고 청하는 것도 중요하다.

아직은 어리기만 한 아이들을 둔 한 엄마가 중병에 걸렸다. 자신은 죽을 준비가 되어 있었다. 하지만 아이들이 엄마 없이 살 것을 생각하면 마음이 슬픔으로 가득 찼다. 안심하고 떠나보낼 수 있을 때까지는 아이들을 키워 놓고 싶었다. 엄마는 더는 그럴 수 없어서 한없이 가슴 아파했다. 아이들이 죽은 엄마를 그리워하고 외로워할 것을 생각하면 그저 슬펐다. 그래서 엄마는 슬픔을 기도로 바꿀 수밖에 없었다. 엄마는 아이들을 위해 기도했다. 자신의 죽음이 아이들의 삶에서 걸림돌이 되기보다 축복이 되기를 기도했다. 엄마는 자비하신 하느님께 아이들을 보살펴 주십사, 그분의 손이 아이들을 축복하고 보호해 주십사 기도했다.

그러나 사랑하는 사람을 잃은 가족들은 그 누구보다 더 깊은 슬픔에 빠진다. 이 슬픔은 누구도 건너뛸 수 없다. 행여 건너뛰어 버린다면 언제고 슬픔은 큰 덩어리가 되어 삼킬 수도 없게 된다. 아니면 슬픔은 우울증의 모습으로 나타난다. 우울증은 결국 표현되지 못한 슬픔이다. 영혼이 이처럼 위기에 처해 있으면 우리는 슬픔 속에서 경직되기 마련이다. 하지만 정작 그 슬픔을 느끼지는 못한다. 슬픔은 언뜻 우울증과 비슷하다. 고통에 마비된 상태다. 너무 깊은 고통 속에 있어서 그 고통을 전혀 느낄 수 없다. 삶으로부터 단절된 것 같은 느낌이 든다. 때로 우울증은 큰 슬픔을 막기 위한 자기방어이다. 사별의 슬픔을 마주하는 것이 고통스러워서, 그 슬픔에 휩쓸려 버릴 것 같아서 우리 영혼은 무의식적으로 우울증을 선택한다. 우울증이 계속되면 우리는 마비된다. 삶을 제대로 살지 못하게 된다. 우울증은 그래서 슬픔으로 변화되어야 한다. 그러면 사별의 슬픔이 회복되어 자기 자신은 물론이고 떠난 사람과도 점차 새로운 관계를 맺게 된다.

아끼던 사람이 죽을 경우 유가족은 자신의 슬픔만으로 어려움을 겪는 것이 아니다. 유가족은 돌이킬 수 없는 이별의 고통에 가슴 아파한다. 그런데 이 고통은 공동체에서 밀려났다는 느낌 탓에 더 심해진다. 친구들이 유가족과 슬픔을 함께 나누기를 거부한다. 멀리서 유가족을 보게 되면 그 순간 길 건너로 가 버린다. 그들은 유가족의 슬픔에 관여하고 싶어 하지 않는다. 유가족은 홀로 버림받았다고 느끼며 외로워한다. 자식을 잃은 한 어머니가 내게 한센병에 걸린 것 같은 느낌이 든다고 말했다. 사람들이 그녀의 슬픔이 전염병인 양, 가까이 가고 싶지 않은 무서운 한센병인 양 행동했다는 것이다. 대화 상대가 없을 경우 유가족은 삶의 균형을 잃기 십상이다.

한 사람의 죽음을 애도한다는 것은 그 사람을 잃은 고통 가운데서 멈춰 서 버린다는 뜻이 아니다. 오히려 애도는 어떤 능동적인 것이다. 우리는 애도하면서 내가 사랑하는 사람, 내 곁에 있던 사람과 작별한다. 우리는 애도하면서 떠난 사람과 나의 관계를 분명히 한다. 그리고 그 사람과의 새로운 관계를 모색한다. 새로운 관계를 찾는 이 작업은 서로 대화를 나누며 이루어진다. 우리는 떠난 사람이 우리에게 어떤 의미가 있었는지, 그가 어떤 사람이었고 그와 어떤 경험을 함께했는지 서로 이야기를 나눈다. 애도 작업의 목적은 자기 자신과 세상에 대한 새로운 관계를 찾는 것이다.

심리학자 베레나 카스트Verena Kast는 애도의 단계를 서술하며, 애도 기간 동안 망자가 우리 내면에서 일정 역할을 하면서 우리와 끝까지 함께한다는 견해를 제시한다. 망자가 살아온 삶이 우리 자신의 가능성이 된다. 망자가 우리에게 아주 많은 것을 주고 갔으며, 우리에게 주어진 삶을 그 모습 그대로 살 수 있게 도와주었음을 알고 있기 때문에 우리는 상실을 받아들이게 된다.

오늘날 많은 사람이 사랑하는 사람의 죽음을 애도하지 않고 건너뛴다. 그들은 고통스러운 슬픔을 회피하려고 곧장 분주한 일상으로 뛰어든다. 그러나 망자에 대한 슬픔을 억압하고 외면하면 그 슬픔이 우리를 가두어 버린다. 그 슬픔이 가슴속에 단단히 박혀서 우리가 지금 이 순간을 살지 못하도록 억누른다. 억압된 슬픔은 우리 안에서 삶이 물처럼 흐르지 못하도록 방해한다. 우리는 저마다 아끼는 사람을 잃고 작별한 경험이 있다. 한 사람을 잃었을 때 이를 애도해야만 우리 안에서 새로운 삶이 자라날 수 있다. 오직 애도를 통해서만 우리는 떠난 사람과 새로운 관계를 맺을 수 있다. 망자에 대한 슬픔은 일반적으로 네 단계를 거친다. 첫째 단계는 죽음을 부인하는 것이다. 아끼던 사람이 정말 죽었다는 사실을 인정하지 않으려고 한다. 그것이 어떻게 사실이란 말인가? 남은 가족들은 아침이면 그저 꿈을 꾸었다는 느낌으로 잠에서 깨어난다. 아들과 딸, 아내와 남편이 사실은 살아 있는데 꿈에서만 죽었다는 느낌 말이다. 많은 사람이 장례식 준비에만 마음을 쏟으며 사랑하는 사람을 잃었다는 사실을 심리적으로 억압한다.

다음 단계는 망자를 기억하고 이에 따른 감정을 체험하는 것이다. 남은 사람들은 떠난 사람들과 함께 겪은 일에 대해 이야기를 나누고 또 나눈다. 어떤 이들은 이 과정에서 망자를 완전히 미화한다. 망자에 대해 좋은 것만 기억하면 마음속에서 올라오는 부정적 감정을 인정할 필요가 없기 때문이다. 또 어떤 가족은 모두들 말을 잃고 입을 닫는다. 망자에 대한 기억을 서로 주고받을 용기를 내지 못한다. 애도를 억압하는 것이다. 이런 억압된 상태가 계속되면 몇 년 뒤 결국 심리치료를 받아야 한다. 죽은 사람에 대해 이야기하는 것을 거부하는 사람이 많다. 때에 따라 올라올 수 있는 분노나 질투 같은 격한 감정을 꺼려하기 때문이다. 혹은 사랑하는 사람의 죽음을 떠올리자마자 마음속에서 고개를 쳐드는 죄책감이 너무 불편하기 때문이다. 그들은 망자에게 너무 함부로 대해서 제대로 작별을 하지 못했다고 자책한다. 그들은 하고 싶었지만 하지 않았던 말들만 자꾸 생각한다. 사람들은 망자를 기억할 때 함께 떠오르는 그런 감정을 느껴서는 안 된다고 스스로를 나무라며, 또한 그런 감정을 마뜩잖게 생각한다.

그러나 그런 감정에는 다 나름의 의미가 있다. 우리는 그것을 자세히 살펴보고 소화해 내야 한다. 가령 자신과 세 아이를 남겨 두고 세상을 떠났다는 이유로 남편에게 분노하는 한 부인이 있다. 부인은 자기 남편이 이제는 편하겠다고 말한다. 하늘나라에 가 있으니 말이다. 그런데 자신은 당장 먹고살기 위해 갖은 애를 써야 한다. 자식 문제를 함께 의논할 사람이 이제 아무도 없다. 의지할 사람도 없다. 장례식 때 망자를 크게 칭찬하는 말들이나 동정하고 존중하는 말들이 들려오면 남은 가족들은 때로 시기심이 일기도 한다. 어떤 사람은 '내게 못살게 굴던 사람인데 무슨 꽃을 이리 많이 받는가' 싶어 견딜 수 없다. '모두들 죽은 사람만 들먹이고 나만 혼자 남았구나'라고 생각하는 사람도 있다. 그런데 다른 한편으로 죄책감이 밀려온다. 나는 그 사람과 살 때 무엇을 잘해 주지 못했는가? 나는 그 사람에게 어떤 상처를 주었는가? 나는 어떤 면에서 그의 참된 모습을 알아보지 못했고 그에게 다가가지 못했는가? 그가 진실로 어떤 사람인지 나는 어떤 면에서 보지 못하고 지나쳤는가? 때로 남은 가족들은 성대한 장례식으로 자신들의 과오를 덜어 내려 한다. 하지만 그런 과오는 돈으로 갚을 수 있는 것이 아니다. 우리는 과오를 직시해야 하고 부단한 노력으로 극복해야 한다.

많은 사람이 망자의 무덤 앞에 서서 도무지 슬퍼할 수 없는 자신의 모습에 경악한다. 사랑하는 사람을 잃고 너무 깊은 상처를 받은 나머지 아픔을 도무지 느낄 수가 없다. 그래서 자신이 감정도 없이 마비되어 있고 생기도 전혀 없는 사람처럼 느껴진다. 이 같은 마비 상태는 그들의 내면이 고통의 무게에 짓눌려 완전히 부서지지 않도록 막아 준다. 그들에게는 반년 뒤에야 비로소 위기가 찾아온다. 그때는 그들도 사별의 슬픔에 직면해야 한다. 어떤 이들은 부모가 죽고 몇 년이 지나고 나서야 심리치료를 받으면서 부모가 죽었다는 사실을 직시할 수 있다. 사랑하는 사람이 죽으면 어떻게 행동해야 하고, 또 어떤 감사와 애도의 감정을 느껴야 하는지 선입관을 가진 이들도 있다. 그들은 자신의 상상과는 전혀 다른 감정, 곧 분노와 시기와 질투, 견딜 수 없이 깊은 고통 등이 올라오면 깜짝 놀란다.

사랑하는 사람을 잃은 사람이라면 누구나 언젠가는 이런 감정을 직시해야 하며 애도의 과정을 완수해야 한다. 애도하는 사람은 망자의 죽음을 슬퍼하면서 천천히 작별을 고할 수 있고 망자와 새로운 관계도 맺을 수 있다. 그들은 망자가 살아 있을 때보다 더 현실적일 뿐 아니라 심지어 더 건강한 관계를 맺을 수 있는데, 이때는 믿음이 중요하다. 망자와 작별하고 관계를 바로 세우는 것은 아무리 늦게 시작하더라도 결코 너무 늦지는 않은 일임을 믿는 것이다. 망자가 살아 있을 때 잘해 주지 못한 일 때문에 그저 자책만 하고 있다면 그것은 아무 소용이 없다. 그들은 지금이라도 죽은 어머니나 아버지, 죽은 배우자, 죽은 친구와 바르고 새로운 관계를 세울 수 있다. 앞으로 나를 지지해 줄 관계 말이다. 죽음과 함께 모든 것이 끝나는 것은 아니다. 우리의 관계도 마찬가지이다. 관계 역시 노력하면 새로워질 수 있다.

얼마 전 한 개신교 목사가 내게 친구가 죽었다는 이야기를 했다. 그는 친구의 죽음을 몹시 슬퍼했다. 그런데 장례 예배 때 신도들이 그리스도인은 한 사람의 죽음을 슬퍼하면 안 된다고 말했다. 오히려 하느님을 찬양해야 한다고 말했다. 죽은 그 신도가 그리스도와 함께 부활하지 않았냐는 주장이었다. 그들은 평소보다 더 큰 소리로 찬송가를 불렀다. 하지만 그 목사는 찬송가를 같이 부를 수 없었다. 그저 울기만 했다. 그는 다른 이들이 죽은 사람에 대한 슬픔을 건너뛴다는 느낌을 받았다. 그것이 결코 그리스도교적인 것이 아니라는 생각도 들었다. 예수님도 당신 친구 라자로의 죽음을 슬퍼하셨다. 예수님이 라자로의 죽음을 슬퍼하실 때 그 옆에 있던 유다인들은 이 모습을 그분의 사랑이 크다는 표시로 받아들였다.

보시오, 저분이 라자로를 얼마나 사랑하셨는지!(요한 11,36).

예수님의 부활에 대한, 죽음을 이긴 그분의 승리에 대한 믿음은 망자에 대한 슬픔을 폐지하는 것이 아니라 극복하게 도와준다. 일단 애도는 이별을 아파하는 것이다. 이별은 그것이 어떤 것이든 우리를 아프게 한다. 우리는 망자가 우리를 홀로 둔다는 느낌을 받는다. 누군가 나를 두고 세상을 떠나면, 이 사건은 지금껏 겪어 온 온갖 버림받은 체험을 떠오르게 한다. 부모가 나를 혼자 두고 가 버렸거나 친구가 나를 저버렸던 일뿐 아니라, 난데없이 엄습하곤 했던 버림받은 느낌이 새삼 기억난다. 이런 아픔은 건너뛰면 안 되는 것이다. 건너뛰면 언젠가는 우리를 다시 쫓아온다. 그러면 큰 덩어리가 된 슬픔에 우리는 목이 막힌다. 사랑하는 사람이 죽으면 우리는 이별해야 한다. 부활에 대한 믿음은 우리가 망자를 하늘나라에서 다시 만날 것이라고 말해 준다. 하지만 지금은 그가 가 버리고 없다. 서로 얼굴을 마주 보며 이야기를 나눌 수 없다. 꼭 안아 줄 수도 없다. 이것이 우리 마음을 아프게 한다.

슬픔을 막지 않고 올라오는 대로 그냥 두면 우리는 감정이 걷잡을 수 없이 변화하는 상태에 빠지고는 한다. 때로는 도저히 감당할 수 없을 것 같은 아픔이 찾아온다. 그러다가 문득 망자에 대한 고마움에 가득 찬다. 그럴 때면 우리는 그와 함께 겪은 일들에 대해 즐겨 이야기한다. 고마움을 느끼고 있을 때는 죽음에 대한 슬픔도 이겨 낼 수 있을 것만 같다. 하지만 이내 다시 슬픔이 닥친다. 아픔이 점점 더 심해진다. 완전히 혼자 남겨진 기분이 든다. 그리고 삶을 계속 꾸려 갈 수 있을지 두려워진다. 혼자 남겨졌다는 생각이 들면 우리는 삶에서 어떤 의미도 찾지 못한다. 이별의 아픔이 삶의 모든 기쁨을 앗아 가 버린다. 어떤 이들은 그저 한없이 피로를 느낀다. 사별이 그들에게서 기운을 죄다 빼앗아 버렸다. 예를 들어 자식이 일찍 세상을 떠나면 부모는 거기에서 그 어떤 의미도 찾을 수 없다. 마음이 상처투성이가 된 것만 같다. 그들은 더 이상 고통을 마주할 수 없다. 아무런 희망도 없이 눈앞이 캄캄하다.

그런데 한 사람의 죽음을 슬퍼할 때는 또 다른 감정도 올라온다. 가령 사랑하는 사람이 우리를 떠났다는 사실에 대한 분노가 있다. 우리는 그가 죽어 버렸다고, 건강을 잘 챙기지 않아서 병에 걸렸다고 비난한다. 또는 교통사고로 죽으면 그가 조심하지 않았다고, 경솔하게 행동해서 그런 일이 일어났다고 비난한다. 때로는 사랑하는 사람을 빼앗아 갔다며 하느님께 분노한다. 우리는 하느님을 이해할 수 없다. 그가 건강을 되찾게 해 달라고 그토록 기도를 올렸건만 그는 결국 죽고 말았다. 또는 그가 평안히 잠들게 해 달라고 기도했건만 그는 고통과 절망에 찬 상태로 죽었다. 또는 그의 죽음을 계기로 가족이 다시 화해를 이루리라고 희망했건만 갈등은 전보다 더 심해졌다. 우리는 이 세상을 더 이상 이해할 수 없다. 우리는 말할 수 없이 실망했다. 더는 하느님께 기도를 바칠 수 없다. 우리의 기도가 응답도 받지 못한 채로 공허하게 울려 퍼질 뿐이라는 생각이 든다.

때로는 이러한 분노에 우리가 망자에게 받은 상처에 대한 분노가 섞여 들기도 한다. 그와 늘 사이좋고 정답게만 지낸 것은 아니기 때문이다. 오해도 있었고 상처도 있었다. 그가 우리를 이해해 주지 못할 때도 있었다. 그가 우리를 소홀히 대하기도 했다. 말로 상처를 주기도 했다. 어떤 이들은 망자에 대한 분노와 원망 같은 부정적 감정이 그냥 올라오게 두지 못한다. 그럴 엄두를 못 낸다. 하지만 그런 감정을 허락하는 것도 애도에 속한다. 애도는 망자에 대한 우리의 감정을 분명히 깨닫게 해 준다. 우리가 모든 감정을 다 허락해야, 비로소 그런 감정이 변화할 수 있다. 분노가 감사로, 아픔이 기쁨으로, 원망이 열린 마음으로 변화할 수 있다.

애도의 과정에서 올라오는 죄책감은 감당하기 힘든 감정이다. 망자를 애정 어린 마음으로 대하지 않았다면 우리는 아마 죄책감을 느낄 것이다. 그러면 그에게 하지 못한 말들이나 작별 때는 해야 했던 말들이 마구 떠오른다. 그를 존엄한 모습으로 떠나보내지 못해서 죄책감이 들기도 한다. 또는 살아생

전 그의 정당한 요구를 들어주지 못해서 죄책감을 느낀다. 우리는 그가 얼마나 소중한 존재인지 충분히 말해 주지 못했다. 그에게 상처를 입혀서 죄스럽기도 하다. 그가 우리에게 상처를 주었다는 생각이 들 때면 그를 외면함으로써 처벌했다. 그가 상처를 주면 우리도 그의 마음을 상하게 했다. 가끔은 그에게 마음의 문을 닫아 버리기도 했다. 우리 자신만 생각하느라 그에게 그리 큰 관심을 쏟지 않았다.

 망자와 함께 보낸 마지막 나날이 갈등으로 점철되어 있을 경우 남은 이들은 특히 더 견디기 힘든 죄책감에 시달릴 것이다. 부부 싸움 끝에 출근한 남편이 교통사고로 죽었다면 아내는 그런 식으로 영영 헤어졌다는 사실에 평생을 자책하기 마련이다. 남편이 자살했다면 아내는 자신이 무엇을 잘못해서 남편이 그런 길을 택했는지 거듭 자문하게 된다. 죄책감을 억압하는 것은 무의미한 일이다. 하지만 남은 사람이 떠난 사람에 대한 죄책감 때문에 끊임없이 자신을 괴롭히는 것 역시 아무런 도움이 안 된다. 죄책감은 우리를 쉼 없이 절망으로 이끈다. 무의미한 것은 사과나 변명도 마찬가지다. 우리가 왜 그렇게 할 수밖에 없었는지 뒷받침할 이유를 찾고 또 찾아야 하기 때문이다.

 하느님께서 우리 죄를 용서해 주신다는 그리스도교 신앙이 이때 도움이 된다. 우리는 우리 죄를 그분께 내보이고 그분께서 우리를 용서해 주실 것을 믿어야 한다. 고해성사가 도움이 될 때도 있다. 우리는 사제를 찾아가서 모든 것을 털어놓고 하느님의 죄 사함을 약속받는다. 그러면 죄책감을 내려놓고 스스로를 용서할 수 있다. 우리는 이것을 떠올려야 한다. '그는 이제 하느님 곁에 가 있다.' '그는 우리를 전혀 비난하지 않는다.' '그는 하느님과 평화를 맺었다. 그리고 우리와도 평화를 맺고 있다.' '그는 지난 모든 일을 다 알고 있으며 하느님을 닮은 눈길로 우리를 굽어보고 있다. 그것은 다름 아닌 화해와 감사의 눈길이다.'

모든 부정적 감정이 지나간 후에는 애도의 과정에서 다음 단계로 가서 이렇게 물어야 한다. 망자는 내게 무슨 말을 하려 하는가? 그가 내게 전하려 하는 말은 무엇인가? 이때는 망자가 했던 말이나 행동, 그가 남긴 기록을 반추하는 것이 바람직하다. 다른 사람에게 그에 대한 기억을 이야기하는 것도 크게 도움이 된다. 망자와 함께 겪은 일을 입 밖에 냄으로써 우리 안에서 고마움이 올라온다. 그가 우리에게 베푼 것이 느껴진다. 그리고 옛일을 떠올리는 가운데 그가 본디 가지고 있던 신비가 무엇인지 분명히 알게 된다. 우리는 하느님께서 그에게 어떤 모습을 원하셨는지 어렴풋이 알아채게 된다. 하느님께서 원하신 그 모습은 그가 저지른 잘못과 약점, 한계와 외적 위협 등으로 어두워지기 일쑤였다. 모든 인간은 죽음 속에서 하느님께서 그에게 원하신 유일무이한 모습으로 변화한다. 그 모습은 죽음 속에서 원초적 아름다움을 얻게 된다. 따라서 우리는 그와 겪은 일들을 반추해야 한다. 그리고 물어야 한다. 그의 신비는 무엇인가? 무엇이 그의 마음을 움직였는가? 그가 자신의 삶으로 말하려 했던 것은 무엇인가? 그는 어떤 일을 어려워했는가? 그를 앞으로 나아가게 했던 힘은 무엇인가? 그가 가진 삶의 철학은 무엇이었는가? 나와 대화를 나누고 나를 바라보고 나를 안아 주었을 때 그에게는 얼마나 큰 사랑이 숨어 있었는가? 그리고 그의 가장 깊은 갈망은 무엇이었는가?

망자의 신비를 발견하고 싶다면 그에게서 받은 편지를 다시 읽는 것이 도움이 된다. 그가 써 놓은 말들 뒤에는 무엇이 숨어 있는가? 나는 그에 대해 품고 있던 여러 모습을 다시금 바라본다. 그 모습을 묵상하고 거기서 그의 신비를 찾으려고 노력한다. 그 모습이 이제 하느님 곁에서 밝게 빛나고 있음을 상상한다. 그가 즐겨 듣던 음악을 들어 본다. 그가 가장 좋아하던 음악을 들으며 나는 무엇이 그의 마음을 움직였는지 느껴 본다. 동시에 나는 음악 속에서 그와 하나가 된다. 그가 그토록 즐겨 듣던 음악을 지금 내가 들으며 그와의 결속을 느낀다. 철학자 마르틴 하이데거Martin Heidegger는 무언가를 듣는다는 것이 안전하게 보호받고 있다는 느낌을 준다고 말한다. 나는 그의 음악을 들으며 그와 함께 하느님 품에서 보호받고 있음을 느낀다. 또는 그가 가장 좋아하던 책을 읽어 본다. 읽으면서 나는 어떤 점이 그의 마음을 끌었는지 헤아려 본다. 그리고 그와 둘만의 대화를 나누어 본다. 만약 그가 책이나 글을 썼을 경우, 나는 완전히 새로운 눈으로 읽어 본다. 지난날 그가 써 놓은 말이 이제는 그가 내게 건네는 말이 되며, 나와 함께하는 유산이 된다. 어떤 말은 그가 죽고 난 지금에야 완전히 새롭게 이해되고, 그 말의 깊은 의미를 진정으로 파악하게 된다.

망자의 신비에 더 가까이 다가가기 위해 나는 그가 가장 좋아하던 길을 걸어 본다. 아마 그는 늘 같은 길로 산책을 나갔을 것이다. 그 길을 걸으며 나는 그의 신비 속으로 걸어 들어간다. 마음속으로 함께 걸으며 그와 하나가 된다. 물론 이제는 그 길을 혼자 걸어야 하는 아픔이 느껴질 것이다. 특히 자주 함께 걸었을 때는 더욱 그러할 것이다. 나는 망자가 좋아하던 장소에 가 볼 수도 있다. 이때도 지금은 혼자 올 수밖에 없는 현실에 마음이 아플 것이다. 하지만 나는 그 장소를 찾으며 그곳이 어떤 점에서 그의 마음을 끌었는지 짐작해 볼 수 있다. 그리고 그와의 추억을 되새길 수 있다. 그러면 그때 그 일이 이제 전혀 다른 모습으로 다가올 수 있다.

한 사람의 죽음을 애도하는 것의 목적은 망자, 나 자신 그리고 하느님과 새로운 관계를 맺는 데 있다. 여기서 우리는 애도의 새로운 단계이며 마지막 단계로 들어선다. 나는 망자와

전처럼 대화를 나눌 수는 없다. 그의 대답을 들을 수가 없다. 그가 말할 때 눈을 들여다보는 것도 이제는 불가능하다. 하지만 내적 대화는 나눌 수 있다. 나는 그에게 물을 수 있다. 나에게 무슨 말을 하고 싶은가요? 내가 이런저런 상황에 처해 있는데 어떤 충고를 해 줄 건가요? 내가 어떻게 살기를 바라나요? 내가 무엇을 주의 깊게 살펴야 할까요? 그리고 또 나는 망자에게 앞으로 내 삶에서 함께 걸어 달라고, 내 등을 밀어 달라고 청할 수 있다. 나는 그에게 사랑을 가지고 내 가슴속에 살아 달라고, 내가 내 영혼의 저 깊은 곳에서 흐르고 있는 사랑과 거듭 만나도록 도와 달라고 청할 수 있다. 그러면 우리는 그 사랑 속에서 서로 하나가 된다. 나는 부활의 신비가 말하고자 하는 바가 무엇인지 어렴풋이 깨닫게 된다. 이는 곧 "사랑은 죽음보다 강하다"라는 것이다. 사랑하는 사람이 죽어도 사랑은 내 가슴에서 찢겨 나가지 않았다. 사랑은 그저 변화했을 뿐이다. 여전히 내 속에 자리하고 있는 사랑을, 나와 그를 이어 주는 그 사랑을 나는 지금도 느끼고 있다. 그 사랑은 내 속에서 하늘과 땅을 연결시켜 주고, 죽음의 문턱을 넘어서 나를 그와 연결시켜 주는 사랑이다. 이 사랑을 깊이 묵상할 때 나는 마음으로 그와 하나라고 느낀다.

사별의 슬픔을 새로운 관계로 변화시키는 방법의 하나로 나는 다음과 같은 연습을 권하고자 한다. 이 연습을 위해 당신은 방해받지 않을 공간과 시간을 마련해 두어야 한다. 죽은 남편이나 아내, 죽은 자식, 돌아가신 어머니나 아버지에게 삼십 분 동안 편지를 쓴다. 그냥 하고 싶은 말, 감사하고 싶은 일, 아직 이해되지 않는 점, 상처받은 일 등을 써 내려간다. 당신의 모든 감정을 고치려 들지 말고 있는 그대로 표현한다. 머리보다는 손으로 쓴다. 쓴 것을 검열하지 말고 그저 쓰는 일에 자신을 맡긴다. 잠시 멈추고, 반대로 그 사람이 내게 쓰는 편지를 써 본다. 그 편지가 내 머리에서 나온 생각일 뿐이지 그의 생각은 아니라는 회의가 들 것이다. 그래도 괜찮다. 그럼에도 이 연습을 할 때 분명 당신은 평소에는 하지 않던 생각에 부딪칠 것이다. 그것이 나 자신의 생각인지, 아니면 그 사람의 생각인지는 그리 중요하지 않다. 죽은 사람의 관점에서 편지를 써 보는 것은 어쨌든 당신의 마음을 달래 줄 것이다. 사랑하는 사람을 잃은 이들을 위한 여러 강연과 프로그램에서 나는 참가자들이 이런 편지를 쓰며 많은 눈물을 흘리는 것을 보았다. 이 연습을 통해 그들은 결국 마음의 평화와 행복을 느끼고는 했다. 분명 이 연습을 할 때 당신은 떠난 사람이 다시 살아 있는 사람처럼 느껴질 것이다. 그리고 그 사람이 당신에게 무슨 말을 전하려 하는지 느낄 수 있을 것이다.

꿈은 우리가 망자와의 관계를 체험할 수 있는 중요한 자리다. 우리는 그에 대해 꿈을 꾸게 해 달라고 하느님께 간청할 수 있다. 하지만 우리가 기도한다고 반드시 그런 꿈을 꾸는 것은 아니다. 그럼에도 기도를 통해 그런 꿈을 향해 마음을 열 수는 있다. 그를 만나거나 그와 말을 나누는 꿈을 하느님께서 보내 주실 때 우리는 그저 감사드리면 된다. 눈빛만 보아도 그가 평화 속에 있으며, 우리 곁에 있고, 또 나와 내 삶을 긍정한다는 사실을 알 수 있다. 혹은 그가 어떤 가르침을 줄 수도 있다. 그가 한마디 말을 해 주면 나는 그 말을 숙고해 봐야 한다. 그 말은 내 삶을 새로운 눈으로 보게 해 준다.

때로는 여러 꿈에서 일정한 흐름이 보이기도 한다. 가령 나를 혼자 버려두고 떠났다고 우리가 망자를 비난하는 장면이 자주 나타난다. 또는 어떤 다른 논쟁에 대한, 곧 잘 아물지 못한 채로 끝난 대화에 대한 꿈을 계속 꾼다. 그러다가 어느 정도 시간이 지나면 망자가 자신은 잘 지낸다고, 평화 속에 있으며 모든 것이 다 좋다고 말하는 꿈을 꾸곤 한다. 그리고 가끔은 망자가 우리가 사는 삶에 긍정의 뜻을 전하기도 한다. 그런 꿈에서 망자는 우리가 말하거나 행동하는 것을 보고 미소를 머금는다. 특히 중요한 꿈은 망자가 우리에게 한마디 말을 해 주는 꿈이다. 때로 그 말은 수수께끼 같아서 언뜻 이해가 안 간다. 어떨 때는 망자가 용기를 북돋아 주거나 가야 할 길을 알려 주기도 한다.

아주 오래전에 죽은 이들이 꿈속에 나타나는 일도 있다.

예를 들어 돌아가신 아버지나 어머니, 혹은 오래전에 죽은 다른 사람을 만나는 것이다. 대개 이런 꿈은 우리가 망자와 새롭게 만나야 한다는 것, 망자가 지금 여기서 우리와 함께해 줄 수 있다는 것, 그리고 망자가 살아온 삶이나 망자가 이 세상에 남긴 어떤 것이 지금 우리에게 일부 도움이 될 수 있다는 것 등을 보여 준다. 때로 이런 꿈은 끝내지 못하고 미루어 두었던 망자와의 논쟁이나 갈등을 일깨우기도 한다. 그러면 우리는 지금이라도 의식적으로 그와 작별해야 한다. 아마 우리는 장례식 준비에 쫓긴 나머지, 그리고 삶을 꾸려 가느라 너무 바빠서 작별을 건너뛰었는지도 모른다.

한 여성이 내게 벌써 오래전에 세상을 떠난 할머니 할아버지 꿈을 자꾸 꾼다고 이야기했다. 꿈속에서 두 분은 이미 관 속에 누워 있었지만 그 여성은 두 분이 돌아가신 것을 아직 모르는 상태였다. 사람들이 관을 닫으려고 할 때마다 그녀는 질겁해야 했다. 하지만 그녀는 단 한 마디도 할 수 없었다. 어떤 꿈이 자주 반복되면 답을 찾아야 할 필요가 있다. 그래서 나는 그녀에게 깨어 있는 상태에서 상상력을 힘껏 발휘하여 그 꿈을 계속 꾸어 보라고 했다. 할머니 할아버지가 그녀에게 중요한 말을 전하려고 그럴 수 있으니 말이다. 그 후로 그녀는 같은 꿈을 더는 꾸지 않게 되었다. 그 여성은 조부모와의 관계에서 아직 해결하지 못한 문제가 남아 있었다. 그리고 동시에 조부모에게는 손녀에게 해야 할 중요한 이야기가 남아 있었다. 돌아가신 두 분이 전하려는 말을 아직 듣지 못해서 그녀는 작별할 수 없었던 것이다.

망자에 대한 꿈은 우리에게 그와 맺고 있는 관계를 다시금 살펴봐야 한다고 권유한다. 망자가 슬퍼하거나 아쉬워하는 얼굴로 무언가를 자꾸 말하려 한다는 인상을 줄 때는 특히 더 그렇다. 망자에 대한 꿈은 우리의 뿌리를 보여 주기도 한다. 그들이 곧 우리의 뿌리다. 그들의 경험과 사랑, 그들이 지니고 있던 능력, 삶을 꾸려 가던 방식 등이 가진 풍요로움에 우리는 한 줄기 뿌리를 내리고 있다. 이런 꿈은 서로 사랑하는 사람들 사이에는 한 사람이 죽은 후에도 아직 살아 움직이는 관계가 유지된다는 사실, 죽음이 절대적 한계가 아니라는 사실을 보여 준다. 꿈속에서 망자는 우리와 많은 것을 함께하며 도와주는 존재로, 혹은 우리가 못 보고 지나칠 수 있는 어떤 것을 일러 주는 존재로 나타난다.

이미 오래전에 죽은 이들에 대한 꿈은 그들에게 새롭게 관심을 기울이라는 요청이다. 성인에게 기도하는 것과 똑같이 우리는 기도 가운데서 망자에게 하소연할 수 있다. 기도는 우리를 하느님만 아니라, 이제는 영원히 그분 곁으로 간 사람과도 이어 준다. 어떤 이들은 기도 중에 죽은 배우자와 대화를 나눈다. 하지만 그것이 배우자에 대한 집착은 아니다. 오히려 그대화는 하느님을 향한 믿음에 근거하고 있다. 죽은 사람은 이제 그분 곁에 있으며, 우리는 오직 그분에게서만 도움을 받을 수 있다.

우리가 망자와의 친교를 체험할 수 있는 또 다른 자리는 다름 아닌 성찬례다. 성찬례에서 우리는 하늘과 땅을 잇는 잔치를 올린다. 우리는 그들이 우리와 같은 시간에 하늘의 혼인 잔치를 올린다고 믿는다. 곧 우리는 그들과 관계를 맺고 있다. 우리는 그들과 결속되어 있다. 산 자와 죽은 자를 결속하는 이는 본디 그리스도이시다. 우리가 그리스도와 함께 잔치를 올리는 것처럼 그들도 그분과 잔치를 올린다. 그리고 그리스도의 살과 피를 받아먹으며 우리는 그분과 하나가 될 뿐 아니라, 그들과도 하나가 된다. 우리는 기도 속에서 그들과 친교를 나눈다.

나는 망자와의 친교 안에서 주님의 기도를 아주 의식적으로 올릴 수 있다. 그러면 그가 어떤 식으로 주님의 기도를 올렸으며, 이 기도가 그에게 얼마나 중요했는지 기억할 수 있다. 또 나는 기억할 수 있다. 망자는 이 기도 말씀에 힘입어 자신의 믿음을 표현하고 굳건히 했다. 삶의 난관도 극복했다. 그는 이 기도를 바칠 때 크나큰 갈망으로 차 있었다. 이것은 주님의 기도뿐 아니라 망자가 좋아하던 다른 모든 기도에도 해당한다. 그가 즐겨 읽던 시편 말씀을 기도하며 나는 그와 하나가 된다. 내가 믿는 사람으로서 이런 기도를 바치는 동안 망자는 바라보는 존재로서 바친다. 그래서 기도는 망자와 깊은 친교를 체험할 수 있는 자리다.

우리는 무덤에서도 망자와의 관계를 체험할 수 있다. 물론 우리는 이제 그가 하느님 곁에 있다는 것을 잘 알고 있다. 하지만 사랑하는 사람의 죽음을 슬퍼할 때는 하나의 구체적 장소, 하나의 고향이 필요하다. 그리고 이 슬픔의 고향이 바로 무덤이다. 거기서 우리는 망자에 대한 우리의 사랑을 아주 구체적으로 표현할 수 있다. 우리는 무덤을 가꾼다. 꽃으로 장식한다. 이로써 우리는 그에 대한 사랑을 두 손으로 직접 표현한다. 살아생전 그를 정답게 안아 준 것처럼 이제는 그의 무덤을 정성껏 가꾸며 우리의 사랑을 드러낸다. 그리고 무덤을 바라보며 그가 그분 곁에 있으면서 우리를 그분께로 이끌고자 한다는 것을 신뢰한다. 묘지를 가꾸는 동안 우리는 그와 둘만의 대화를 꽃피운다. 그가 우리에게 했던 말을 기억하여 그가 자아냈던 분위기를 생각한다.

또한 애도는 나 자신과의 관계를 새로 발견하게 해 준다. 나 자신은 누구인가? 그 사람이 곁에 없는 지금 나는 누구인가? 그가 내 내면에서 움직이던 것은 무엇인가? 그는 나를 무엇과 맞닿게 했는가? 그가 내게 보여 준 내 모습은 무엇인가? 나는 망자에게서 눈길을 돌려 나 자신도 바라봐야 한다. 그와의 관계는 나 자신과의 관계도 깊어지게 해 준다. 나는 하느님께서 내게 주셨고 그가 내 안에서 일깨워 준 잠재력을 발견한다. 그러면 나는 그저 쓰라린 마음으로만 망자를 생각하지 않는다. 나는 그가 내 안에 살고 있다는 것을 알고 있다. 그리고 그는 내 안에서 나로 하여금 나 자신, 내 가슴, 내 영혼, 내 안의 사랑 그리고 하느님께서 주신 능력과 맞닿게 해 준다. 이로써 나는 그를 기억하는 가운데 지금 내 삶에 대해 감사할 수 있으며, 삶을 전보다 더 깨어 있는 마음으로, 더 주의 깊게 살아갈 수 있다.

그러나 이런저런 글에 시사되어 있는 바와 달리 애도의 과정은 슬픔을 완전히 멈추는 것으로 끝나는 것이 아니다. 철학자 부르크하르트 리브슈Burkhard Liebsch 역시 사랑하는 사람의 죽음에 대한 애도를 편협하게 이해하는 것에 반대한다.

> 사랑하는 사람의 죽음을 애도하는 것에 대해 사람들은 일반적으로 어떤 관념을 가지고 있는가? 그들은 애도의 유일한 목적을 가능한 한 빠른 시일 내에 슬퍼하기를 멈추는 것으로 생각한다. 그러나 나는 이런 통념에 반대하여 지속적 애도란 것을 제시하려 한다. 이러한 애도는 슬픔 없는 삶을 위해 한 사람의 상실을 거세하는 실수를 범하지 않는다. 애도는 죽은 사람을 기억하는 일이며 슬픔의 대상인 사물, 슬픔의 대상인 사람을 망각하지 않

겠다는 약속이다. 그런데 사람들은 대개 이 일에 충분한 시간과 노력을 할애하지 않는다(Liebsch 60).

한 사람의 죽음을 애도할 때 중요한 것은 슬픔에서 빠져나오는 것이 아니다. 오히려 이 작업의 핵심은 죽은 사람과 그 사람에 대한 기억을 소중히 여기는 것이다. 이때 한 가지 역할을 하는 것이 애도의 대상에 대한 신의信義다. 망자에 대한 신의를 지키기 때문에 나는 슬픔이 영원히 잊히기를 원하지 않는 것이다. 물론 슬픔은 변화한다. 그러나 몇 년이 지나도 자꾸만 슬픔이 터져 나온다고 해서 나 자신을 환자로 여기면 안 된다. 죽은 사람을 기억하는 한, 감사와 슬픔 같은 감정은 계속 올라올 것이다. 우리는 두 감정 다 느껴도 괜찮다. 이때 슬픔 속에는 사랑하는 사람의 상실에 대한 저항, 죽음 그 자체에 대한 저항이 숨어 있다. 이런 저항은 사회적·정치적으로 유익하게 쓰일 수 있고, 그래서 언제나 애도에는 정치적 측면이 함께 있다. 우리는 이것을, 예를 들어 2001년 미국에서 일어난 9·11 테러나 독일 에르푸르트와 빈네덴에서 벌어진 총기 난사 사건 이후 공적으로 마련된 애도 작업에서 체험했다.

애도 작업에는 한 가지 무리한 요구가 따른다. 한편에는 애도하는 사람들이 슬픔에서 벗어나려 해서는 안 된다는 주장이 있다. 다른 한편에는 슬픔 속에 빠져서 헤어나지 못하면 안 된다는 주장이 있다. 리브슈는 애도에 대한 사유를 다음과 같은 말로 끝맺는다. 애도는 "극한의 상실을 직시할 수밖에 없는 작업이다. 동시에 애도는 슬픔 속에 빠진 삶이 완전히 무너져 내리는 것을 막기 위한 분투다"(Liebsch 63). 언제나 애도는 균형을 잃으면 안 되는 줄타기와 같다. 그리고 이 줄타기를 하는 모습은 저마다 다르다.

또한 한 사람의 죽음에 대한 애도는 하느님과 새로운 관계를 맺게 해 준다. 그분과의 새로운 관계에는 여러 측면이 있다. 첫째, 내 기도의 대상이신 하느님은, 다름 아닌 망자의 곁에 계신 그 하느님이라는 인식이다. 그러니까 하느님께서 인간의 얼굴을 얻으시는 것이다. 하느님을 생각하면 이제 나는 망자를 생각하지 않을 수 없다. 망자는 지금 그분의 얼굴을 뵙고 있다. 나는 당신의 아들 예수 그리스도에게 하신 바와 같이 망자를 부활시키신 바로 그 하느님께 기도를 드린다. 또 나는 망자가 믿고 희망하고 사랑하던 그 하느님께 기도를 올린다. 망자는 이제 내가 그분을 바라보게 한다. 그분은 그들이 살아 있을 때 그들과 함께 걸으셨다. 그들의 갈망이 곧 그분이었다. 나는 하느님을 생각하며 동시에 망자와의 결속을 느낀다. 그분은 그들에게 삶의 목표였다. 그리고 그들은 이제 그 목표에 도착해 있다. 그래서 내게 그분과의 관계는 그들과의 관계와 떼려야 뗄 수 없다.

그런데 하느님과의 새로운 관계에는 또 다른 측면이 있다. 망자는 하늘나라에 있다. 하지만 나는 여기 이 땅에 남아 있다. 생전과 달리 더는 망자에게 의지할 수 없다. 이제 하느님께서 내 삶의 밑바탕이 되어 주려 하신다. 그래서 내게 이런 물음이 떠오른다. 하느님은 내게 어떤 분이신가? 진정 그분은 내가 지을 삶의 집의 기초이신가? 나는 기도 가운데서 망자와의 친교를 체험할 수 있다. 하지만 혼자 버려진 아픔 역시 체험한다. 그래서 애도는 그런 고통과 고독을 그대로 가지고 나 자신을 하느님께 내맡기라는 쉽지 않은 요청이다.

애도는 나를 열어 하느님을 향하게 한다. 아픔 가운데서 나는 그분께서 내 영혼의 밑바닥에 머무신다는 것을 어렴풋이 알아챈다. 아픔은 나를 내 영혼의 저 깊은 곳으로 이끌고, 거기서 나는 그분을 만난다. 내 안에서 그분을 만나면 아픔은 그분과의 새 관계로 변화한다. 또 내 아픔은 그분께서 내 깊디깊은 갈망을 채워 주시리라는 예감으로, 그분은 내 안에서 흐르는 영원히 마르지 않는 사랑의 원천이시라는 예감으로 변화한다. 망자가 내게 거듭 일깨우는 것은 바로 하느님이시라는 사랑의 원천이다. 나는 망자에 대한 사랑을 더는 전과 같이 누릴 수가 없다. 나는 사랑을 느끼면서 또한 죽음으로 생긴 거리를 아파한다. 그럼에도 아픔에 찬 이 사랑에 이끌려 영혼의 심연으로 내려갈 때 나는 거기서 하느님께서 죽음보다 강한 사랑이심을 깨닫는다. 그러면 나는 요한이 서간으로 전하려 한 바를 알게 된다.

> 하느님은 사랑이십니다. 사랑 안에 머무르는 사람은 하느님 안에 머무르고 하느님께서도 그 사람 안에 머무르십니다(1요한 4,16).

임종자를 돌보는 일에는 언제나 그 죽음을 슬퍼하는 이들을 돌보는 일도 포함되어 있다. 우리는 임종자의 가족도 돌봐야 한다. 임종 과정에는 물론 임종 이후에도 그리해야 한다. 사람들은 사랑하는 사람을 잃고 슬퍼하는 가족을 무척 대하기 어려워한다. 경건한 말로 슬픔을 달래려 하거나 뻔한 말이나 건네며 일상으로 관심을 돌리려 한다. 어떤 이들은 "모든 것에 다 뜻이 있겠지요"라든가 "그는 이제 주님 곁에 가 있어요"라고 말한다. 다른 이들은 이렇게 말한다. "휴가라도 내서 어디 좀 다녀오지 그래. 그러면서 생각을 다른 데로 돌려 보라고. 죽음이 아니라 삶에 관심을 두는 게 좋아." 하지만 이런 말은 대개 상처가 될 뿐이다. 물론 동반자는 유가족을 위로해야 하지만, 나중에는 다 좋아질 테니까 슬퍼하지 말라는 식으로 달래서는 안 된다. 그런 위로는 흔해 빠진 말로 슬픔을 건너뛰는 것이요 슬픔을 진지하게 받아들이지 않는 것이다.

독일어로 '위로'(Trost)는 '신의'(Treue)에서 나온 말로, 원래 내적 확신을 뜻한다. 위로하는 사람은 슬퍼하는 사람 곁에 있을 때 한 그루 나무처럼 굳건히 서 있어야 한다. 아무 말도 할 필요가 없다. 해야 할 일은 그저 곁에 서 있는 것이다. 그리고 눈물과 절망, 탄식의 말을 무가치한 말로 만들거나 경건한 말로 덮어 감추지 않고 묵묵히 견디는 것이다. 눈물은 사람들 눈에 보이려고 나오는 것이다. 그래야 눈물이 쓸모 있게 된다. 그런데 많은 사람이 눈물을 외면한다. 마음이 불편한 것이다. 눈물을 흘리는 사람은 그저 그 모습을 알아봐 주기를 바랄 뿐 무턱대고 달래 주기를 원하는 것이 아니다. 슬퍼하는 사람을 돌보는 일을 다들 무척 어려워한다. 일단 한 사람의 절망과 마주하는 것이 두렵고, 또한 그 절망을 해소해 주지 못하는 무력감도 두렵기 때문이다. 슬픔에 빠진 사람의 절망과 내적 혼란을 해소하는 것이 동반자의 과제는 아니다. 동반자는 용기 내서 그 사람 곁을 지키는 사람이다. 하지만 많은 말을 하기보다 침묵하며 곁에 서 있는 편이 대개는 더 낫다. 말은 상처가 되기 십상이다. 당사자도 아닌 내가 경건한 말을 하는 것은 경우에 맞지 않고 예의에도 벗어난 일이다. 내게서 위로와 의지를 구하는 사람에게 상처를 입히는 꼴이다. 여러 말을 하는 것이 아니라 그저 곁에서 견뎌 줄 때 내가 슬퍼하는 사람에게 의지가 될 수 있다.

라틴어로 '위로'(consolatio)는 '혼자'(solus)와 '같이'(con)라는 두 부분으로 이루어진 단어다. 곧, 위로하는 사람은 한 사람의 죽음을 슬퍼하는 사람의 고독 속으로 들어가서 함께 슬퍼하는 사람, 함께 있어 주는 사람이다. 곁에 있는 것만으로 슬픔에 위로가 된다. 고독이 사라진다. 고독한 상황에 빠지더라도 누군가 곁에 있다는 것을 알기 때문이다. 하지만 우리가 입을 열게 되면 그들은 거리감을 느끼기 쉽다. 우리야 당연히 좋은 의도로 이런저런 말을 하는 것이다. 하지만 입을 떼기 시작하면 슬픔에 대한 어떤 이론이나 이렇게 느끼고 저렇게 행해야 한다는 주장을 곧잘 떠들기 마련이다. 우리가 그들에 대해 어떤 이론을 내세울 때는 그들을 홀로 버려두는 꼴이다. 그들이 지금과 같은 상태에 머문다면 아무런 관여도 하고 싶지 않다고 말하는 셈이다. 이론은 슬퍼하는 그들을 더욱 외롭게 만들 뿐이다. 게다가 그들은 흔히 분노하는 반응을 보인다. 우리의 말이 단지 이론일 뿐 자신이 처한 현실과는 다르다고 생각하는 까닭이다.

동반자는 사랑하는 사람을 잃은 사람의 아픔과 절망, 혼돈을 견딜 용기가 필요하다. 꿋꿋이 견딜 수 있어야 한다. 그런데 이때 동반자는 자기 내면에서도 꿋꿋이 서 있어야 한다. 한편으로 동반자는 그들을 공감하고 연민하며 함께 아파해야 한다. 다른 한편 동반자는 슬픔 속에 온통 가라앉지 않기 위해 적절한 거리를 두어야 한다. 울고 있는 사람과 함께 울고, 또 함께 아파하는 것은 좋다. 하지만 이런 공감에도 한계가 있어야 한다. 동반자가 슬픔에 완전히 잠겨 헤어나지 못한다면 유가족에게 도움이 되지 못한다.

그래서 동반자가 된다는 것은 고통과 절망에도 꿋꿋이 견디 내라는 쉽지 않은 요청이다. 이때 우리에게 이런 물음이 제기된다. 나는 무엇에 힘입어 굳건히 서는가? 무엇이 나를 붙잡아 주는가? 나는 믿음이 나를 붙잡아 준다고 생각한다. 믿음이란 내가 희망하는 것 안에서 굳건히 서 있는 것을 뜻하지 않는가? 나는 내 눈에 보이지 않는 것을 희망하며 굳건히 서 있다. 하지만 나는 눈에 안 보이는 것을 설명할 수도 없다. 그래서 한 사람의 죽음을 아파하는 슬픔은 나 자신의 믿음을 다시 돌아볼 것을 요구한다. 믿음이 정말 나를 붙잡아 주고 있는가? 사랑하는 사람의 죽음에 대해 어떤 답을 얻지 못한다 해도, 죽음의 의미를 전혀 찾지 못한다 해도 과연 나는 믿음 속에서 버티고 서 있을 수 있는가?

우리는 사랑하는 사람의 죽음 속에서 의미를 찾고 싶어 한다. 의미를 찾으면 슬픔을 극복하는 데 도움이 될지도 모른다. 하지만 아무 데서나 의미를 찾으려 들지 않도록 조심해야 한다. 어린 자식을 셋이나 두고 세상을 떠난 젊은 엄마의 죽음을 우리는 이해할 수 없다. 한 가정의 햇살이던 세 살 먹은 아이의 죽음도 우리는 도저히 이해할 길이 없다. 의미라는 것을 성급하게 입에 담으면 안 된다. 혹여 그런다면 의미라는 채찍을 유가족에게 휘두르는 꼴이며, 더 많은 고통을 겪게 하는 것이다.

죽음 속에 어떤 의미가 있는지 묻는 것보다 더 중요한 것은 죽음에 한 가지 의미를 부여하는 일이다. 나는 죽음에 어떻게 대응하기를 바라는가? 내 안에서 어떤 새 가능성을 발견하여 실현하기를 원하는가? 사랑하는 사람의 죽음 속에서 나에 대한 어떤 요구나 사명을 깨달을 수 있는가? 예를 들어 자식을 잃은 부모들이 같은 처지에 놓인 부모들을 위해 자조 모임을 만들어 적극적으로 활동하기도 한다. 우리는 누군가 삶을 누릴 만큼 누린 뒤 세상을 떠나면 그 자체로 의미 있게 여긴다. 혹은 누군가 오랜 지병 끝에 숨이 다하면 그 사람이 고통에서 벗어났다고 말한다. 그러나 한 어린이나 젊은이의 죽음에서 우리는 어떤 의미도 찾을 수 없다. 이때 우리의 과제는 죽음에 의미를 부여하는 것이다. 나치 집단 수용소에서 살아남은 유다인 심리학자 빅토르 프랑클Viktor Frankl은 '정신적 저항력'에 대해 이야기한다. 사랑하는 사람의 죽음 앞에 우리가 어떻게 처신해야 하는지는 우리의 정신적 능력에 달려 있는데, 주로 저항력에 달려 있다. 이것은 곧 슬픔과 고통, 절망과 허무에 저항하는 능력, 이해할 수 없는 사건에 억지로라도 한 가지 의미를 부여하는 능력이다.

동반자는 유가족에게 죽음의 의미를 가르쳐 줄 수 없다. 어떤 의미가 있는지 물음을 던져 보라고 그저 격려할 수 있을 뿐이다. 하지만 성급하게 권유해서는 안 된다. 유가족은 슬픔과 그로 인한 내적 혼란을 먼저 견뎌 내야 한다. 애도하는 사람에게는 자신의 눈물과 절망에 대한 이해가 필요할 뿐이지 이론은 아무런 소용이 없다. 하지만 언젠가는 슬픔에서 벗어나는 길, 슬픔에 대응하는 길을 찾을 수 있도록 우리가 도와야 할 때가 온다. 그때는 이렇게 물을 수 있다. 세상을 떠난 그 사람이 당신에게 원하는 것은 무엇일까요? 당신이 슬픔에 빠져 삶을 잘 꾸려 가지 못하는 것일까요? 아니면 그가 이렇게 말하고 싶어 하지 않을까요? "씩씩하게 살아가세요. 내가 함께할게요. 함께 길을 걸을게요. 당신에게는 많은 능력이 있어요. 그런 능력을 펼치세요. 당신의 사명이 무엇인지 느껴 보세요. 나 없이도 잘 살아가는 모습을 보고 싶어요. 그런 당신을 자랑스러워하고 싶어요."

한 사람의 죽음을 애도하는 일 역시 변화될 수 있으려면 의식儀式이 필요하다. 무덤을 가꾸고 돌보는 것이 그런 의식의 하나다. 돌아가신 어머니의 무덤을 가꾸는 딸은 어머니를 위해 무엇인가 하고 있는 것이다. 이렇게 하면서 어머니에게 사랑을 표현하고 있는 것이다. 슬픔은 무언가를 하는 행위 안에서 변화될 수 있다. 슬픔에 빠져 허우적대던 딸이 거기서 벗어날 수 있다. 딸은 슬픔을 능동적 행위로 바꿨다. 이 행위가 딸 자신에게도 좋은 영향을 미치고, 또 어머니와의 관계를 애정 어린 방식으로 드러낼 수 있다는 만족감도 느끼게 해 준다.

다른 애도 의식으로는 망자의 기일에 미사를 바치는 것이 있다. 그를 위해 미사를 바치며 우리는 그를 기억하고 성찬례에서는 그와의 친교를 경험한다. 한 사제가 내게 아주 비극적인 사건 하나를 이야기해 준 적이 있다. 어느 농부가 트랙터를 몰고 후진을 하다가 네 살 먹은 아들을 치어 죽이고 말았다. 사제는 매해 그 아이의 기일이 되면 그 농가를 찾아 미사를 올린다고 했다. 그 미사는 남은 가족들의 슬픔을 변화시킨다. 자꾸만 고개를 쳐드는 죄책감을 거두어 간다. 지난 일만 돌아보지 않고 앞을 보며 사는 것, 성찬례에서 네 살배기 아들과 친교를 경험하는 것이 그 가족들에게는 중요하다. 그리고 그 아들이 자신의 삶과 죽음을 통해 가족들에게 전하려 하는 말이 무엇인지 이해하는 것 역시 중요하다. 그로써 그 아들은 나름의 사명을 가지고 가족들에게 살아 있는 한 구성원이 된다. 죽음이 불행으로만 기억되는 게 아니라 관계의 전환점으로 이해된다. 미사가 올려지는 그때부터 아들은 가족들을 위해 새로운 사명을 얻게 되었다. 이제 아들은 공동의 성찬례를 통해 가족들을 끊임없이 결속하고 그들로 하여금 하느님께 눈뜨게 한다.

한번은 한 호스피스 병원에 들렀을 때였다. 원장은 환자가 세상을 떠나면 동반자가 유가족과 함께 애도 의식을 올리는 방을 보여 주었다. 장의사가 관을 실어 가기 전에 동반자와 유가족이 열려 있는 관 주위로 모여 서거나 앉는다. 그들은 망자에게 무엇을 배웠는지 서로 이야기를 나누고, 함께 지내는 동안 무엇이 인상 깊었는지도 주고받는다. 그런 다음 함께 기도를 올린다. 그 자리에서 생각나는 대로 말하거나, 아니면 미리 작성해 둔 기도를 소리 내어 읽는다. 마지막으로 그들은 성수를 뿌려 망자를 축복한다. 때로는 유가족이 망자가 살아온 삶의 순간들을 포착한 사진을 가져오기도 한다. 이로써 망자는 되살아난다. 사진과 일화, 기도를 통해 망자의 존엄이 다시금 강조되는 것이다. 작별은 이런 의식을 통해 이루어진다. 언제나 중요한 것은 유가족이 슬픔에 빠져 마비되지 않고 그 슬픔을 표현하는 것이다.

망자의 관이 이미 실려 나갔거나 망자가 다른 곳에서 죽었더라도 어떤 호스피스 시설은 애도 의식을 제공한다. 그럴 경우 의식을 올리는 공간은 망자의 사진과 그를 기념하는 물건으로 장식된다. 또 어떤 호스피스 시설은 나름의 애도 의식을 발전시켰다. 여기서 여성은 남성보다 섬세한 감각으로 어떤 의식이 유가족이 망자와 뜻깊은 작별을 하는 데 도움이 되는지 파악한다. 이런 의식에서는 평소라면 거의 드러나지 못할 감정이 표현된다. 이때 사람들은 보통 울기 마련이지만 망자가 했던 재미있는 말이나 행동을 떠올리며 함께 웃기도 한다. 슬퍼하고 있는 유가족을 버티게 해 줄 친교가 여기서 생겨난다.

아이들의 애도와
아이들 보살피기

　가족을 잃었을 때 흔히 아이들은 슬픔 속에 방치되기 마련이다. 전에는 아이들에게 한 사람의 죽음을 애도하라고 하는 것을 무리한 요구로 생각했다. 그래서 가령 할머니의 장례식 때 아이들은 집에 있어야 했다. 내가 이끄는 프로그램에 오는 40대 여성 중에는 열 살 무렵에 식구들이 할머니나 할아버지의 장례식에 못 가게 하는 바람에 아직도 목에 슬픔 덩어리가 걸려 있는 사람들이 있다. 그들은 할머니나 할아버지와 작별하지 못했다. 그것이 지금까지도 그들 마음속에 걸려 있는 것이다. 우리가 아이들의 슬픔을 진지하게 받아들여 곁에서 돌보고 그 감정을 표현하고 극복할 수 있게 도와주는 것이 그래서 중요하다.

　아이들은 다양한 형태로 작별을 체험한다. 유치원에 다닐 때 다른 도시로 이사를 가면서 친구들과 헤어진다. 할머니와 할아버지가 집에 오셨다가 가실 때도 작별해야 한다. 형제자매가 나이가 차서 집을 떠날 때도 마찬가지다. 그리고 다른 여러 상황에서 죽음을 체험하기도 한다. 새 한 마리가 땅바닥에 죽어 있다. 귀여워하던 햄스터가 죽는다. 집에서 키우던 개가 병이 들어 죽기도 한다. 할머니나 할아버지가 돌아가신다. 유치원이나 학교 친구가 사고로 죽는 일도 있다. 아버지나 어머니, 형제자매가 세상을 떠나기도 한다.

이런 모든 상황에서 아이들은 애도로써 자신의 슬픔을 표현하고 싶어 한다. 이때 언어적 표현으로는 충분하지 않다. 아이들을 붙잡아 주고 그들의 감정을 변화시키려면 일정한 의식이 필요하다. 나는 이에 적절한 의식을 먼저 언급하기보다, 아이들이 각 연령대에 따라 죽음에 대한 관념과 반응이 어떻게 다른지 서술하려 한다.

아이들의 죽음 관념과 애도 경험

세 살 미만 아이들

세 살 미만의 아이들은 죽음에 대한 관념을 아직 만들 수 없다. 하지만 그들은 상실을 경험하면 슬퍼한다. 가령 병원에 입원해야 할 경우 부모와 떨어져야 하는 상황을 고통스러워한다. 엄마가 곁에 없다는 사실에 저항한다. 시간이 지나며 저항은 소리 없는 슬픔이 된다. 아니면 슬픔이 억압되어 감정 둔마鈍麻나 관계 불능으로 나타난다.

이 나이의 아이는 죽음을 대상의 부재로 체험한다. 아이는 이 부재에 슬픔이란 반응을 보인다. 어린아이는 엄마와 감정적으로 깊이 결속되어 있어서 엄마가 슬퍼하면 즉시 알아챈다. 가족 구성원 중에서 엄마에게 아주 소중한 사람이 죽으면 아이는 엄마의 슬픔을 같이 체험한다. 엄마가 자신을 어루만지는 손길에서, 엄마의 음성과 표정에서 아이는 변화를 감지한다.

어린아이의 경우 슬픔은 먹고 자는 행동이 달라지는 것으로 나타난다. 아이는 작은 자극에도 평소보다 격렬하게 반응하며 겉으로 보기에는 아무 이유가 없는데도 운다.

세 살부터 다섯 살 사이 아이들

세 살부터 다섯 살 사이의 아이들도 아직은 죽음에 대해 깊이 사고하지 않는다. 하지만 그들은 죽음을 느낀다. 그리고 죽음에 대해 감정적 반응을 보인다. 이 나이의 아이는 죽음의 최종성을 이해하지 못한다. 죽었다는 것은 그들에게 가고 없다는 뜻이다. 그래서 죽은 사람이 다시 오기를 기다린다. 아이는 그 사람이 지금 힘이 없을 뿐 언젠가는 다시 살아날 것이며 자신의 삶에 나타날 것이라고 상상한다. 아이는 죽음에 대해 아직 깊이 이해하지 못해서 자연스레 반응한다. 아무런 불안이나 거리낌 없이 죽음에 대해 물으며, 자연 속에 있는 죽음의 흔적을 큰 관심을 가지고 추적한다. 아이들은 죽음을 놀이 속에 섞어 넣는다. 병원 놀이, 전쟁 놀이, 사고와 장례 놀이 등을 하고, 때로는 부모가 죽기를 바란다. 하지만 그것은 돌이킬 수 없는 최종적 죽음이 아니라, '저리 가요! 혼자 있고 싶단 말이에요'라는 생각의 표현일 뿐이다.

이 나이의 아이들은 마술적 사고를 가지고 있다. 그들은 자신이 어떤 기도를 하거나 의식을 행하면 할머니의 병을 고칠 수 있다고 믿는다. 반대로 죽었으면 좋겠다고 생각하던 사람이 죽을 경우에는 죄책감을 느낀다. 이때 아이에게 죽음은 언제나 남의 일이지, 자신이 죽을 것이라고는 결코 생각하지 않는다.

어린아이가 죽음에 대해 물으면 분명하게 답을 해 주고 아이가 상상하고 있는 세계로 들어가 보는 것이 중요하다. 아이는 죽음에 대해 퇴행적 행동으로 반응한다. 가령 이부자리에 다시 오줌을 싼다. 사랑하던 사람의 죽음을 부모가 슬퍼하면 아이는 유난히 얌전하게 행동하며 부모의 기분을 즐겁게 해 주려고 노력한다. 하지만 그로써 아이는 자신의 슬픔을 억압할 뿐 아니라, 집안의 귀염둥이 역할을 해야 한다는 압박에 시달린다.

여섯 살과 열 살 사이 아이들

이 나이의 아이들은 죽음에 대해 진지하고 사실적인 관심을 보인다. 그들은 죽음의 최종성을 어렴풋이 알고 있다. 그럼에도 죽음에 대한 사실적 평가와 이전의 마술적 상상 사이를 왔다 갔다 한다. 아이는 망자에게 어떤 일이 일어날지, 관 속에 갇혀 있거나 땅 밑에 묻히면 과연 어떠할지 등에 관심을 두고 여러 생각을 한다. 하지만 잘 이해되지 않는 것이 많아서 속에서 불안이 싹튼다. '그 아줌마가 죽을 수 있다면 우리 엄마도 죽을 수 있겠구나. 옆집 친구가 죽을 수 있으니 나도 죽을 수 있겠구나'라고 생각하며 두려워한다.

가까운 사람이 죽을 경우 아이는 내면에서 깊은 슬픔을 체험한다. 하지만 이 감정을 어른과 전혀 달리 표현한다. 아이는 일부러 즐겁게 놀이에 열중하며 슬픔과 같은 감정을 거부한다. 놀이를 통해 아픔을 망각하는 것이다. 그러다가 분노와 두려움, 죄책감 등이 나타나면 아이는 그런 감정을 어찌 표현해야 할지 몰라서 부모를 향해 공격성을 터뜨린다. 아이는 죽은 사람에 대한 생각에 몰입한다. 그 사람이 썼던 물건을 가지려고 한다. 그리고 그 사람이 가지고 있던 능력을 자신도 얻으려고 한다. 그로써 자신을 그 사람과 단단히 결속하고 죽은 그 사람을 계속 살아 있게 만들려는 것이다.

열 살과 열네 살 사이의 아이들

이 나이의 아이들은 죽음을 돌이킬 수 없는 최종적 사건, 불가피한 사건으로 이해한다. 아이는 수많은 물음을 제기한다. 자기 삶의 의미에 대한 물음, 자기 정체성에 대한 물음이 그것이다. 나 자신은 누구인가? 아이는 죽음 이후의 삶에 대해 생각한다. 그리고 한 사람의 죽음 후에 겪어야 할 애도의 단계를 모두 다 거친다. 사랑하는 사람의 죽음을 부인하는 단계, 온갖 감정이 폭발하는 단계, 새로운 자아상과 세계상을 찾아 헤매다가 결국은 찾아서 정립하는 단계가 그것이다. 아이마다 애도의 과정은 다양한 양상으로 진행된다. 공격적 행동을 특징으로 할 수도 있고 모든 감정을 억압하는 태도로 나타날 수도 있다. 슬픔은 두통이나 복통, 불면 같은 신체 증상으로 나타나기도 한다.

청소년

청소년은 죽음에 대해 성인과 이성적으로 똑같이 사고한다. 하지만 자신의 감정을 어떻게 다뤄야 할지 몰라서 어려움을 겪는다. 사춘기에는 감정의 혼란이 따른다. 그래서 청소년에게는 죽음과 직면하는 것이 결코 만만한 과제가 아니다. 아이는 죽음을 끔찍한 일로 여긴다. 이 나이에 어머니나 아버지가 세상을 떠나면 내면에서 큰 죄책감이 일기 마련이다. 부모를 늘 다정하게만 대하지는 않았기 때문이다. 부모 중 한쪽이 배우자를 잃으면 애도의 과정에서 아직 청소년인 자녀에게 흔히 도움을 원한다. 그러면 아이는 이 힘겨운 과제 앞에서 어찌할 바를 모르고 부모에게서 내적으로 완전히 독립하지 못한다. 내적 성장 과정이 중단되는 것이다. 이 나이의 아이들은 곧잘 자살을 생각한다. 더 이상 어떻게 살아야 할지를 몰라 하며 자신의 삶에서 의미를 찾지 못한다.

애도하는 아이들을 보살피기

애도하는 아이들을 슬픔 속에 내버려 두면 안 된다. 아이들에게는 곁에 있어 줄 사람, 돌봐 줄 사람이 필요하다. 여기서 관건은 모든 감정이 막힘없이 흘러갈 수 있게 도와주는 것이다. 또한 어떤 물음이든 다 던져도 된다는 느낌, 나 자신과 내 슬픔을 누군가 진지하게 받아들여 준다는 느낌을 아이들이 받게 하는 것이다. 이때는 아래의 네 가지 질문이 도움이 된다.

1. 누구를 애도하는가?

2. **어떤 상황에 대해 애도하는가?** 아이는 애도의 기억을 가지고 있다. 사랑하는 사람을 잃게 되면 과거에 다른 사람을 잃고 슬퍼했던 기억을 떠올리기 마련이다. 아이는 지난날 제대로 슬퍼할 기회가 없었거나 슬퍼하면 안 된다는 말을 들었기 때문에, 지금 와서 그때 그 사람의 죽음을 애도하고 있는지도 모른다.

3. **누가 애도하고 있는가?** 아이는 지금 몇 살인가? 그 아이의 성격은 어떠한가? 그리고 나는 그 아이와 어떤 관계를 맺고 있는가?

4. **죽은 사람과의 관계는 어떠했는가?** 부모를 잃거나 형제를 잃은 경우 아이는 언제나 심한 고통을 겪는다. 특히 형제를 잃으면 아이는 홀로 버려졌다는 느낌을 받는다. 모든 것이 죽은 형제를 중심으로 돌아간다. 죽은 형제는 엄청나게 미화된다. 살아 있는 아이는 자신을 죽은 형제와 비교하며, 자신이 덜 훌륭하고 사랑받을 자격도 덜하다고 느낀다. 그래서 눈에 띄는 별난 행동을 보일 수밖에 없다.

애도하는 아이들을 돌볼 때 무엇보다 중요한 것은 그들이 자신을 표현하고 죽음과 슬픔에 대해 말할 수 있는 기회를 마련해 주는 일이다. 물론 이때 적절한 말을 골라 하는 것도 중요하다. 다시 말해 조심스러운 태도가 필요하다. 그래야 우리는 어른의 말로 답을 하지 않게 된다. 우리는 마음을 열고 아이들의 말을 받아들여야 한다. 우선 아이와 가까워질 수 있도록 노력해야 한다. 우리가 자신을 진지하게 받아들인다는 것을 아이들이 느낄 때까지는 많은 관심과 시간이 필요하다. 우리는 아이를 내적으로 존중하고 수용해야 한다.

아이들이 분노할 때는 견뎌 줄 수 있어야 한다. 우리는 아이들이 실은 무엇을 말하려고 하는지 알아들을 수 있는 능력이 필요하다. 신체적 접촉으로 슬픔을 표현하는 아이들도 적지 않다. 하지만 여기서 조심해야 할 것은 정작 우리가 포옹 같은 신체적 접촉을 통해 우리 자신의 두려움을 은폐하지 않는 것이다. 우리가 얼마나 가까이 다가가고, 또 거리를 두어야 하는지는 아이들이 알아서 신호를 줄 것이다. 바람직한 대화는 언제나 침묵을, 할 말을 잃은 상태를 견뎌 줄 수 있어야 한다.

애도하는 아이들과 이야기를 나눌 때 우리는 분명한 말을 써야 한다. 죽음을 미화하거나 에둘러서 표현하는 것은 적절하지 않다. 가령 "할머니는 잠이 드셨단다"와 같은 말은 오해의 소지가 다분하니 쓰지 않도록 주의해야 한다. 아이들이 잠들기를 무서워할 수도 있다. "할아버지는 나이가 들어 피곤하셨어." 이런 식으로 말하는 것도 부적절하다. 피곤이 죽음을 뜻하게 되면 아이들이 겁을 먹는다. 자기도 피곤해지면 죽을 수 있다고 생각한다. "우리가 클라라 이모를 잃어버렸구나." 이런 말도 두려움을 일으킨다. "엄마 아빠가 나를 잃어버릴 수도 있겠다"라고 아이들은 생각한다. "하느님께서 하네스 삼촌을 데려가셨단다." 대체 어떤 하느님이길래 사람을 그냥 막 데려가 버린단 말인가? "엠마는 아주 멀리 여행을 떠났어." 이러면 그들의 머릿속에서 여행은 전부 위험한 것이 되어 버린다. 죽음은 돌이킬 수 없는 것이라는 사실을 단순하고 분명한 말로 알려 주는 것이 그래서 중요하다.

아이들은 그저 위로가 필요할 뿐이다. 나중이면 다 괜찮아질 테니까 지금은 슬퍼할 필요가 없다는 식의 위로는 불필요하다. 우리가 고통과 눈물을 견뎌 줄 때 아이들은 위로를 받는다. 우리는 아이들을 위해 시간을 내야 하고 아이들과 함께 슬퍼해야 한다. 그리고 아이들이 슬퍼할 수 있도록 지지해 줘야 한다. 우리는 앞날을 기약하며 위로를 해서는 결코 안 된다. 또는 아이들의 관심을 다른 데로 돌리거나, 죽음과 아픔에 대한 반응을 간과하거나 무시하며 값싼 위로를 주려고 해서도 안 된다. 진부한 말도 값싼 위로가 될 수 있다. 아이들을 진지하게 받아들이지 않고 상투적 표현으로 도망치는 실수를 우리는 자주 저지른다. 옳고 그름을 판단하지 않고 그저 곁에 있어 주는 것이 중요하다. 그래야 아이들은 자신의 아픔과 분노, 슬픔과 절망을 드러내도 괜찮은 사람이 바로 곁에 있음을 알기 때문이다.

의식의 중요성

의식儀式은 아이들이 걱정이나 두려움을 소화할 수 있게 도와준다. 지그문트 프로이트Sigmund Freud에 따르면 의식은 두려움을 몰아낸다. 이를 분명하게 보여 주는 것이 아이들이 잠들기 전에 매일 똑같은 형태로 행하는 의식이다. 이런 의식은 밤의 어둠에 대한 아이들의 두려움을 쫓아 버린다. 의식은 평소 같으면 표현하지 못할 감정을 표현하게 도와준다. 의식은 혼란스러운 상황 속에서 의지할 곳, 안전한 곳이 되어 준다. 그리고 아이들의 시간과 온갖 감정에 일정한 틀을 부여해 준다. 의식은 아이들의 정체성을 뒷받침해 준다. 곧 아이들은 제 스스로 무언가를 할 수 있다고 느끼는데, 그것이 자신의 의식이다. 그 속에서 아이들은 자신을 느낀다. 의식은 의미를 만들어 준다. 모든 것을 무의미하게만 받아들이는 애도의 시기에 의식은 아이들에게 어떤 의미를 어렴풋이라도 깨닫는 기회를 마련해 준다.

부모가 부추기지 않아도 아이들은 스스로 장례 의식을 치른다. 가령 죽은 새를 한 마리 발견하는 경우가 그렇다. 아이들은 새를 땅에 묻어 준다. 나는 어릴 적에 죽은 새 한 마리를 묻어 주고 친구들과 나무 십자가를 만들어 행렬 의식을 치렀던 기억이 있다. 그 상황에 딱 맞는 노래를 불러 주지는 못했다. 하지만 그것은 새나 고양이가 죽은 슬픔에 대응하는 우리 나름의 방식이었다. 그런 의식을 치르고 나면 어떤 좋은 느낌이 들었다. 행렬을 지을 때 큰 슬픔을 느꼈다고 말할 수는 없다. 우리는 그저 상상력이 풍부했고 무언가를 기념했다. 그것이 우리는 좋았다. 그런 의식은 우리에게 삶과 죽음의 신비 중에서 일부를 보여 주었다. 의식은 그 자체로 놀이의 성격을 띠고 있다. 의식은 아이들에게 어려운 주제나 정서를 놀이와 같은 방식으로 대할 기회, 그로써 감정을 변화시킬 수 있는 기회를 제공한다.

아이들은 자신만의 의식을 즉흥적으로 만들어 낸다. 곰 인형을 안고 가서 자기 옆에 눕힐 때 그들은 잠들기 전 나름의 의식을 치르는 것이다. 혼자 있으려고 늘 끼고 사는 작은 담요를 들고 가서 눕는 것도 그들 나름의 의식이다. 아이들은 자신을 위한 공간이 언제 필요한지 알고 있다. 의식은 그들에게 고향을, 보호받을 곳을 선사한다. 의식이란 두 눈에 보이는 구체적인 것이지만 아이들에게 비밀로 가득 찬 무언가를 열어 준다. 의식은 우리에게 하늘을 열어 주며, 우리 삶이 잘 이루어지리라고 말해 준다. 의식은 형태가 없는 것에 형태를 부여한다. 언제나 의식은 작별, 그리고 새로운 시작과 관계되어 있다. 우리는 무언가를 마감해야 무언가를 새로 시작할 수 있다. 의식은 하나의 문을 닫으면서 새로운 것을 위한 문을 열어 준다. 아이들은 의식에 의지할 수 있다. 특히 아이들은 의식을 통해 자신은 아무것도 못한다는 무력감에 대처할 수 있다. 의식을 치를 때 제 스스로 무언가를 할 수 있기 때문이다. 이것이 마비되어 있는 그들을 무력감에서 벗어나게 해 준다. 또 의식은 아이들의 마술적 사고에 상응한다. 예를 들어 한 아이가 길을 걸을 때 늘 세 번째 보도블록만 밟는다. 그러면서 스스로 되뇐다. '이러면 나는 사고를 당하지 않을 거야.' 한 사람의 죽음은 그 사람이 누구든 아이들의 마음속에 자신의 죽음에 대한 두려움을 불러일으킨다. 의식은 바로 이 두려움으로부터 아이들을 지켜 준다. 의식은 그들에게 계속 살아가기 위해 자기 스스로 어떤 일을 행할 수 있다는 느낌을 준다.

그리스의 유명한 애도 치료 전문가 게오르고스 카나카키스Georgos Kanakakis는 슬픔에는 표현이, 말로 하는 것 이상의 표현이 필요하다고 말한다. 그래서 그는 항상 의식을 이용한다. 의식은 우리에게 자신의 인간 실존을 다해서 슬픔을 표현할 기회를 마련해 준다. 의식儀式은 인간의 무의식에도 영향을 미친다. 의식은 인간의 마술적 심층, 감정적 심층, 의식과 무의식, 이성과 감정 등 모든 층위에 가닿는다. 슬픔은 하나의 전체로서 표현될 때만 변화할 수 있다. 의식은 슬픔에 고향이 되어 준다. 이로써 슬픔은 변화할 수 있다.

모든 종교에는 통과의례, 통과제의가 있다. 이런 의식은 삶의 두 가지 결정적 문턱인 출생과 사망에 특별히 더 적용된다. 삶의 문턱에서 치르는 의식은 우리에게 새 역할을 연습하고 넘겨받는 기회를 만들어 준다. 의식은 우리를 공동체에 통합시켜 준다. 우리는 슬픔 속에 있을 때 혼자라고 느낀다. 의식은 이런 사람을 공동체와 연결시켜 준다. 그 사람은 공동체 안에서 새 역할을 얻게 되고, 이로써 다시금 새로운 일원이 된다고 느낀다.

아이들을 위한 애도 의식

아이들을 위한 애도 의식은 애도 작업의 여러 측면을 보여 준다.

작별 의식은 아이들이 죽은 사람과 작별하게 해 준다.

경감 의식은 죄책감을 잘 다룰 수 있게 도와준다.

기억 의식은 죽은 사람과 접촉을 유지할 수 있게 도와준다. 예를 들어 죽은 사람의 물건을 가지고 놀 때 아이들은 그의 마음이 되어, 그를 인식하고, 또 그를 내적 동반자로 체험한다.

그리고 **고통과 슬픔을 소화하는 것을 돕는 의식**이 있다. 아이들이 애도 의식을 치를 때는 이 모든 측면이 한 의식에 동시에 들어 있다. 따라서 나는 아이들에게 도움이 되는 몇 가지 의식을 소개하려 한다.

작별 의식 — 장례식 참석

흔히 사람들은 아이들을 장례식으로부터 멀리 떨어뜨려 놓는다. 하지만 그로써 죽은 사람과 작별할 기회를 빼앗는 것이다. 아이들은 원한다면 장례식에 참여할 수 있어야 한다. 더불어 아이들에게 장례식 절차에 대해 말해 주며, 그 의식을 설명하고 준비시켜 주는 일도 필수적이다. 장례식 때 아이들은 언제든 도움을 청할 수 있는 가까운 사람이 필요하며, 신체적 접촉을 할 수 있도록 누군가 곁에 있어 주어야 한다. 아이들이 물어보는 것이 있을 때는 장례식을 방해하면 안 된다는 생각으로 미뤄 두지 말고 곧바로 답해 줘야 한다.

아이들에게 나름의 방식으로 작별을 해 보라고 물어보는 것도 중요하다. 아빠와 연을 날리는 것을 좋아하던 어느 아이는 아빠의 장례식에 연을 가져가서 관 위에 올려놓았다. 그것이 그 아이 나름의 작별 의식이었다. 이런 의식은 아이에게서 마음의 짐을 덜어 주었다. 아이가 자신의 사랑을 표현할 수 있었기 때문이다. 장례식 때 아이들 나름으로 작별할 수 있는 또 다른 방법으로는 세상을 떠난 아빠나 엄마의 관에 색칠을 하는 것이다. 또는 자신이 그린 그림을 관 속에 집어넣는 방법도 있다.

어느 유치원의 아이들은 네 살짜리 친구 루카스의 장례식에서 자신들이 색칠한 풍선 백여 개를 하늘로 날려 보냈다. 리사는 돌아가신 할아버지에게 편지를 써서 관 속에 넣었다. 엘리자베스는 가족의 친지가 세상을 떠나자 시를 한 편 지어 자신이 그린 그림과 함께 돌돌 말아서 꽃다발에 묶었다. 알프레드는 사촌 누이와 함께 화환으로 엮을 꽃을 골랐다. 카린은 장례미사 때 올릴 청원 기도를 썼다. 초등학교 삼 학년인 어느 반 아이들은 함께 노래를 연습해서 친구의 무덤 앞에서 불러 주었다.

경감 의식

의식의 의미는 아이들이 죄책감과 아픔에서 벗어나는 체험을 해 보는 데 있다. 아이들도 죄책감에 시달린다. 그래서 마음의 짐을 덜어 주는 의식이 필요하다. 그래야 아이들이 죄책감에 사로잡히지 않는다.

경감 의식의 적절한 예로는 아이들이 죽은 사람에게 무언가를 선물하는 것, 자신이 소중히 여기고 아끼는 물건을 무덤

위에 올려 두는 것이 있다. 이것은 사랑의 표현으로, 가령 한 아이가 죽은 동생과 많이 다투었던 일로 힘들어할 경우 그 아이를 죄책감에서 벗어나게 해 준다.

기억 의식

아이들에게 도움이 되는 기억 의식은 무엇보다 놀이다. 아이들이 죽은 사람과 같이 했던 그 놀이를 곁에 남아 있는 부모나 다른 친구와 하는 것이다. 놀이는 죽은 사람에 대한 기억을 보존하는 동시에 그 사람과 작별하는 한 가지 방법이다.

아니면 아이들이 죽은 형제의 장난감이나 돌아가신 할머니가 쓰던 물건을 가지고 노는 것도 이런 기억 의식이다. 아이들은 이 장난감이나 물건에 몰두하며 나름의 놀이를 만든다. 아이들은 아주 독창적이다. 자신이 생각해 낸 놀이에 집중하며 아이들은 슬픔을 특정 행동으로 옮기고, 이로써 결국 내적 긴장을 풀고 자신의 슬픔을 소화한다. 그런데 아이들은 죽은 사람과의 관계 역시 놀이 속에서 체험한다. 어른들이 죽음의 슬픔을 소화하는 과정에서 일어나는 모든 일이 아이들에게도 그대로 일어난다. 작별, 아픔, 슬픔, 분노, 그리고 끝으로 죽은 사람과 새롭게 관계를 맺는 일이 그것이다. 그리하여 죽은 사람이 아이들의 내면에서 삶의 길을 함께 걸어 주는 동행이 된다. 아이들은 이 과정을 놀이 속에서 무의식적으로 하나하나 체험한다.

다른 방법이 하나 더 있다. 죽은 사람이 하던 특정한 일이나 행동을 따라 하는 것이다. 이 또한 죽은 사람에 대한 기억을 내면화한다. 가령 죽은 할머니의 것과 똑같은 재능이 자신에게도 있다는 사실을 손자가 발견한다. 할머니처럼 솜씨 좋게 꽃꽂이를 하거나 텃밭을 일구는 것이다. 손자는 할머니의 한 부분을 넘겨받는다. 손자는 정원 일을 하면서 할머니라는 한 사람을 자신의 삶에 받아들인다.

소화 의식

죽은 사람의 무덤을 방문하는 일은 아이들에게 중요하다. 무덤은 소중한 기억의 장소다. 아이들에게는 슬픔을 표현할 수 있는 특정 장소가 필요하다. 여기서 주의할 점은 아이들이 나름의 개인적 방식으로 무덤을 꾸밀 수 있어야 한다는 것이다. 아이들 스스로 꽃을 심고 가꾸며, 자기가 아끼는 물건이나 죽은 사람을 기념하는 물건, 혹은 부활에 대한 믿음을 표현하는 물건을 가져다 놓으면 좋다. 부활을 주제로 한 그림을 무덤에 얹어 놓을 수도 있다.

아이들은 자기 방에 죽은 사람의 사진을 세워 놓거나 그림을 그려 걸어 둘 수 있다. 이런 사진이나 그림을 보기 좋게 장식하거나 액자를 직접 만들어도 좋다.

가족들이 함께 모이는 기념일, 예를 들어 죽은 동생 없이 지내는 첫 성탄절이나 부활절, 죽은 사람의 생일이나 축일을 어떤 식으로 지내야 하는가도 중요하다. 아이들은 죽은 사람을 위해 크리스마스 선물을 고를 수 있다. 그림을 그려도 좋고, 양초를 직접 만들어서 죽은 사람도 성탄을 함께 지낸다는 의미로 크리스마스트리 아래에 켜 놓아도 좋다. 이때 죽은 사람에 대한 기억을 서로 나누며 이야기한다. 그 사람은 지금 하늘나라에서 어떤 성탄 파티를 하고 있을까? 그 사람이 없는 지금, 우리가 아쉬워하고 있는 것은 무엇인가? 그 사람이 살아 있을 때 성탄 파티를 위해 어떤 일을 했었는가? 그 사람이 어떤 얼굴로 얼마나 기뻐했는가? 아이들은 죽은 사람을 위해 추모 시나 기도를 지어서 낭독할 수도 있다.

언제나 양초는 애도 의식의 아름다운 도구가 된다. 우리는 양초에 불을 밝혀 다른 사람을 위해 기도한다. 양초가 타는 동안 기도는 하늘로 올라간다. 양초는 떠난 사람을 가리키는 상징일 수도 있다. 그 사람은 빛이 되었다. 그 사람은 이제 하늘나라에서 빛나며 우리를 비춰 주고 있다.

생일이나 축일이 되면 아이는 들꽃을 꺾어 와서 죽은 사람을 위해 꽃다발을 만들어도 좋다. 몸을 움직이는 것은 언제나 슬픔을 소화하는 데 도움이 된다.

뜰에 나무를 한 그루 심는 것도 아주 좋은 애도 의식이다.

예를 들어 엄마가 죽었을 경우 엄마의 나무를 심는다. 그 나무는 죽은 사람에 대한 기억을 늘 일깨울 것이다. 가족들은 그 나무 아래서 노래하고 춤도 추며 놀 수 있다. 아이들은 분노와 아픔, 고독을 털어놓으려고 이 나무 곁에 간다. 자신의 슬픔을 표현하는 구체적 방법이 생기는 것이다. 가족들은 죽은 사람의 기일과 생일을 나무 옆에서 보낼 수 있다.

공동 의식

죽음의 슬픔을 직접 맞닥뜨린 아이들과 한 집단을 만들어서 그 슬픔을 주제로 이야기를 나눌 때는 다음과 같은 의식을 추천하고 싶다. 아이들이 슬픔을 살펴보는 데 도움이 될 뿐 아니라, 마음의 짐을 덜어 주기도 하는 의식이다. 물론 우리는 이런 애도 의식을 어른들과도 함께 치를 수 있다.

첫 번째는 눈물 단지 의식이다. 나는 물이 들어 있는 단지를 앞에 들고 아이들에게 말한다. "여기 이 단지에는 나의 모든 눈물이 들어 있단다. 나는 눈물을 하느님께 들어 올릴 거야. 그러면 하느님께서 내 눈물을 기쁨으로 바꿔서 닦아 주시고 나를 당신 사랑으로 가득 채우시지." 그런 다음 나는 단지를 옆에 있는 아이에게 건네준다. 아이는 내가 했던 것과 똑같은 의식을 행한다. 침묵하는 가운데 하느님께 단지를 들어 올려 그분의 사랑이 그 안에 가득 들어차게 한다. 그리고 그 아이는 단지를 옆에 있는 다른 아이에게 주고, 그 아이가 또 옆에 건네준다. 이런 식으로 그 자리에 있는 모든 아이가 자신의 눈물 단지를 하느님께 저마다 바친다. 그 단지가 다시 내게로 돌아오면 나는 그것을 한가운데 두고 손을 얹어 축복한다. 그리고 우리가 저마다 단지 안에 넣은 눈물을 하느님께서 변화시켜 주시기를 청원한다.

아이들을 위한 (또한 어른들을 위한) 두 번째 의식은 아이들을 자연 속으로 내보내는 것이다. 나는 아이들에게 자연 속에서, 혹은 그들이 원한다면 집 안에서 부활의 상징을 찾아보라고 한다. 새 생명을 가리키는 상징이나 죽음이 생명으로 변화하는 상징을 찾아보는 것이다. 그런 다음 아이들을 다시 한 자리에 불러 모은다. 모든 아이가 저마다 찾은 것을 가운데 놓아두고 어떤 이유로 그 상징을 택했는지, 그것을 볼 때 무엇이 떠오르는지 설명한다. 이렇게 해서 아이들이 가져온 상징들로 가운데에는 부활의 공동적 표상이 생겨난다. 그리고 우리는 가운데에 생겨난 그 표상을 함께 살펴보고 그 주위로 빙빙 돌며 함께 춤을 춘다. 그로써 우리는 그 부활의 표상을 마음속에 점점 더 깊이 새겨 넣는다.

맺는말

　죽음과 슬픔은 우리가 기꺼이 관심을 기울이거나 즐겨 이야기하는 주제가 아니다. 자녀를 잃은 부모들을 위한 프로그램을 열 때면 나도 같은 처지에 놓인다. 나도 모르게 속으로 긴장한다. 자식을 잃은 부모들에게 무슨 말을 해야 할지 나는 자문해 본다. 그리고 내가 배운 신학은 도움이 되지 않는다는 것을 알게 된다. 한 사람의 죽음을 애도하는 사람에게 상처가 되는 말을 하지 않으려면 아주 예민해야 한다. 고통의 당사자에게 가닿지 않을 일반적 진리를 입에 담아서는 안 된다.
　그럼에도 애도하는 사람과 마음을 열고 관계를 맺을 때면 나는 늘 내 안에서도 변화가 일어나는 것을 깨닫는다. 프로그램이 시작될 때 강당은 슬픔으로 가득 차곤 한다. 무겁고 우울한 분위기가 생겨난다. 하지만 끝날 무렵에는 새로운 희망의 싹이 돋아난다. 참가자들은 눈물을 흘릴 뿐 아니라 미소도 짓는다. 그리고 나 자신도 그 프로그램에서 많은 것을 받은 기분이 든다.

이런 프로그램에서 나는 다른 사람의 슬픔만 아니라 나 자신의 진실, 나 자신의 죽음 그리고 나 자신의 슬픔과도 직면했다. 그리고 그것이 나를 내 영혼의 밑바닥으로 데려갔다. 그곳에서 나는 삶에서 가장 중요한 것이 무엇인지 문득 깨달았다. 그곳에서는 내가 걱정하고 있는 온갖 것들이 대수롭지 않게 된다. 오직 본질적인 것만 중요해진다.

그러므로 독자도 이 책을 읽고 마음이 무거워지는 것이 아니라, 새로운 신뢰와 희망을 자기 안에서 깨닫기를 바라고 또 그렇게 되리라 믿는다. 이 책을 읽으며 독자는 자신의 죽음과 가족의 죽음 앞에 설 것이다. 자신의 죽음뿐 아니라 가까운 사람의 슬픔에 대해서도 깊이 생각할 것이다. 용기 내서 죽음이란 주제를 마주하는 것이다.

죽음을 성찰하고 나면 나는 늘 새롭게 자유로워진다. 나는 나 자신의 진실과 내 인생의 진실을 외면하지 않고 직시했고, 이제 두려움 없이 내 길을 갈 수 있게 되었다. 독자도 믿음에 찬 마음으로 자신의 길을 갈 수 있기를 바란다. 또한 기꺼이 그리고 망설임 없이 임종자를 곁에서 돌보고, 자신의 죽음이란 문제와 씨름하기를 바란다. 나는 독자가 애도하는 사람에게 다가가서 그 사람의 슬픔을 함께 버텨 줄 용기를 내기 바란다. 만약 독자가 사랑하는 사람을 잃고 슬퍼하는 당사자라면 그 슬픔이 자신과의 새로운 관계, 죽은 사람과의 새로운 관계로 변화하는 체험을 하기 바란다.

그리하여 이 책에 담긴 사유가 독자를 본질로 이끌기를, 진정한 본질, 원초적 본질, 그리고 내 삶의 중요한 본질로 이끌기를 바란다. 그런 까닭에 마지막 말은 안겔루스 질레지우스 Angelus Silesius를 인용하려 한다.

사람아, 본질이 되어라!
세상이 사라지면
우연은 떨어져 나가도
본질은 계속 존재한다.

임종자를 돌볼 때
바치는 기도

동반자를 위한 기도

자비로우신 하느님,
당신께서는 저를 당신의 심부름꾼으로 삼으시어 죽어 가는 사람의 침상 곁으로 보내십니다. 제가 이 일을 잘할 수 있도록 용기와 힘을 주소서.

저의 귀와 눈과 심장을 열어 주시어 죽어 가는 그에게 필요한 것을 알아차리게 하시고, 그가 유일무이하고 특별한 존재임을 깨닫게 하소서.

저의 입과 손을 열어 주시어 그를 강건하게 하는 올바른 말과 몸짓을 찾게 하소서.

저의 말과 몸짓에 진실함과 경쾌함과 사랑을 부여하시어, 저의 말과 몸짓이 신뢰와 희망과 안온함을 퍼뜨리도록 해 주소서.

저를 당신의 영으로 가득 채워 주소서. 당신께서 친히 저를 통해 말씀하시고 저의 손을 이끌어 주시어 제가 제 곁에 계신 당신과 더불어 죽어 가는 그의 마지막 길을 함께 가 주는 좋은 동반자가 되게 하소서.

임종 때의 기도

• 시메온의 찬가 •
루카 복음서 2,29-32

주님, 이제야 말씀하신 대로
당신 종을 평화로이 떠나게 해 주셨습니다.

제 눈이 당신의 구원을 본 것입니다.

이는 당신께서 모든 민족들 앞에서 마련하신 것으로

다른 민족들에게는 계시의 빛이며
당신 백성 이스라엘에게는 영광입니다.

아론의 축복
민수기 6,24-26

주님께서 그대에게 복을 내리시고
그대를 지켜 주시리라.

주님께서 그대에게 당신 얼굴을 비추시고
그대에게 은혜를 베푸시리라.

주님께서 그대에게 당신 얼굴을 들어 보이시고
그대에게 평화를 베푸시리라.

• 되돌아봅니다 •

자비롭고 선하신 하느님,
제가 살아온 삶을 되돌아봅니다.

제 삶은 밝은 햇살과 좋은 시절뿐 아니라
비와 좋지 못한 나날로도 가득 차 있었습니다.

희망과 신뢰, 그리고 사랑뿐 아니라
실망과 그리 다사롭지 못한 말들로도 가득 차 있었습니다.

일과 걱정뿐 아니라
쉼과 기쁨의 시간으로도 가득 차 있었습니다.

한동안 저와 함께 삶의 길을 걸어 주었고
한때나마 제 짐을 나눠 가졌던 사람들을
만나게 해 주셔서 감사드립니다.

지나간 모든 일을
감사하는 마음으로 받아들이게 해 주소서.

모든 지난 일은 있었던 그대로 다 좋았습니다.

제가 살아온 날의 노고를 당신께서 완성해 주시고
아직 끝맺지 못한 일을 당신께서 마감해 주소서.

제 삶에서 아직 화해하지 못하고 남아 있는 것을
당신께서 화해시켜 주시고
제가 용서할 준비가 되어 있듯이
제가 잘못한 일을 용서해 주소서.

당신의 천사를 제게 보내 주시어
제가 죽음에 이를 때 저를 돕게 하소서.

그리고 제가 감사하는 마음으로 당신 손안에
제 머리를 두게 하소서.

• 당신을 제 영혼에 부릅니다 •

캔터베리의 안셀무스

참으로 자비하신 하느님,
당신을 제 영혼에 부릅니다!

당신은 제 영혼에 먼저 갈망을 불어넣으시어
당신을 받아들이도록 제 영혼을 준비시키셨습니다.

부디 제 영혼에 들어오시어
당신께서 그 안에서 머무실 수 있도록
제 영혼을 바로잡아 주소서!
당신께서 만드셨고 또 바로잡아 주신 제 영혼을
당신 소유로 삼아 주소서!
저는 당신을 하나의 인장과도 같이
제 가슴속에 지니기를 바랍니다.

자비하신 하느님,
제가 당신을 부를 때 부디 저를 떠나지 마십시오.
제가 당신을 부르기 전에
이미 당신께서 저를 부르셨습니다.

당신의 종인 제가 당신을 찾게 하시려고,
찾아 헤매다가 당신을 발견하고 사랑하게 하시려고
당신께서 저를 찾으셨습니다.
주님, 저는 당신을 찾아 헤매다가 결국 찾았습니다.
이제 저는 당신을 사랑하기를 바라는 갈망도
품고 있습니다.

저의 갈망이 더 커지게 해 주소서!
저의 이 청원을 받아 주소서!
당신께서 당신 자신을 제게 주지 않으시면
당신께서 창조하신 모든 것을 제게 주신다 해도
당신 종에게는 부족할 터입니다.

저의 하느님, 당신 자신을 제게 주소서,
당신을 제게 다시 주소서!

• 당신 안에서 평화로이 쉬게 하소서 •
헬프타의 게르투르트

오, 사랑이여, 당신은 저의 낯익은 저녁놀입니다.

언젠가 삶의 저녁놀이 저를 위해 비춰 들어오면
저로 하여금 소리 없이 잠들게 하시고
당신께서 사랑하는 이들을 위해 마련한
그 평화를 찾아내게 하소서.
저의 결핍을 당신의 무한한 자비로 덮어 주시고
가난하고 부족한 제 삶의 벌거벗음을 가려 주시어
제 영혼이 당신의 복된 사랑 안에서
위로받고 보호받게 해 주소서.

오, 사랑하는 하느님, 저의 삶과 영혼을 당신께 맡깁니다.
저를 당신 안에서 평화로이 쉬게 하소서!

• 두려울 때의 기도 •

자비롭고 선하신 하느님,
제게 닥쳐올 일 앞에서 제가 가진 두려움을 당신께서는 알고 계십니다. 저의 두려움을, 그리고 그것을 이겨 내지 못하는 저의 무력함을 당신께 바칩니다.

당신의 축복의 손을 저와 제 두려움 위에 얹어 주소서. 저의 두려움을 변화시키시어 그 두려움이 저를 당신께로 더 가까이 이끌고 저의 눈길을 당신께 돌리는 힘이 되게 하소서. 당신 손안에서 저는 제 두려움과 함께 안온하게 보호받고 있습니다.

두려움을 지나서 당신께서 머무시는 제 영혼의 깊은 자리로 저를 이끌어 주소서. 두려움은 그곳에 설 자리가 없나이다. 고요한 그 자리에서 저를 편히 쉬게 하시고 또 그 자리에 있음을 기뻐하게 하소서. 제 영혼의 가장 깊은 자리인 그곳에서 저는 두려움으로부터 자유롭습니다.

애도할 때의 기도

• 위로를 구하는 기도 •

자비롭고 선하신 하느님,
애도하고 있는 저는 위로받고 싶습니다.

사랑하는 사람을 잃고
저는 슬퍼하고 있습니다.

저를 도와주소서.
훗날을 기약하는 값싼 위로가
제게는 필요하지 않습니다.
제게 위로가 되고 도움이 되며
저의 울음과 절망을 견뎌 줄 사람이 필요합니다.

암담한 저의 처지에 위로가 될
그런 사람을 보내 주소서.

당신께서 친히 저의 위로가 되어 주소서.
저는 당신께서 저를 견뎌 주실 것을 믿으며,
제가 저 자신으로부터 달아나고 싶어 하더라도
당신께서는 제 곁을 떠나지 않으실 것을 믿습니다.

당신의 위로에 힘입어
제가 다시 강건해지도록 해 주소서.
그리하여 제가 저를 받쳐 주는 든든한 토대를 깨닫고
저 자신을 스스로 다시 도울 수 있도록 해 주소서.

• 슬플 때의 기도 •

선하신 하느님,
오늘은 슬픔이 저의 가슴을 붙잡으려 합니다.

당신에 대한 생각도 이 슬픔을 몰아내지 못합니다. 슬픔이 저의 심연에서 올라와서 저를 꼼짝 못하게 합니다.

저의 슬픈 가슴을 당신 앞에 들어 올리며 간구합니다.

당신의 빛과 사랑이 제 슬픔 속에 흘러들게 하소서. 그러면 저는 슬픔 속에서도 저를 향한 당신의 사랑을 느낄 것이며 당신과 단단히 묶여 있음을 느낄 것입니다.

저의 슬픔이 저를 영혼의 밑바닥으로 데려가게 해 주소서. 그곳에서 저는 당신이 제 어둠을 밝히시는 빛이며, 저를 속속들이 채우시는 사랑이고, 또 저의 슬픔을 변화시켜 주시는 기쁨임을 발견할 것입니다.

그러므로 오늘 저는 당신의 빛과 사랑과 기쁨이 저의 모든 슬픔 안에 남김없이 스며들기를 간구합니다. 그러면 저는 저의 슬픔과 함께 당신 안에서 보호받고 있으며 당신의 사랑을 받고 있음을 느낄 것입니다.

참고 문헌

Walter Dietrich, Samuel Vollenweider, **Art. Tod II**, in: TRE(Theologische Realenzyklopädie) Bd. 33, Berlin 2002, 582-600.

Klaus Ernst, **Organisationen der Suizidhilfe gehören nicht in Heime und Spitäler**, in: M. Mettner, Wie menschenwürdig sterben?, Zürich 2001, 41-48.

Gisbert Greshake, **Art. Sterben**, in: LThK (Lexikon für Theologie und Kirche) Bd. 9, Freiburg im Breisgau 2006, 982-985.

Gisbert Greshake, **Tod und Auferstehung**, in: Christlicher Glaube in moderner Gesellschaft, Freiburg im Breisgau 1980.

Grimms Märchen, **Die Boten des Todes**, in: Kinder- und Hausmärchen, ges. durch die Brüder Grimm, Erlangen, ohne Jahr, 552-553.

Burkhard Liebsch, **Anhaltende Trauer kann sozial und politisch fruchtbar werden. Ein Gespräch mit dem Philosophen Burkhard Liebsch**, in: Psychologie heute 2009/11, 60-63.

Matthias Mettner, **Mitten im Leben**, in: M. Mettner, Wie menschenwürdig sterben?, Zürich 2001, 177-218.

Bonifaz Miller, **Weisung der Väter (Apophthegmata Patrum)**, Freiburg im Breisgau 1965.

Frank Nager, **Arzt und Tod**, in: Wie menschenwürdig sterben?, in: M. Mettner, Zürich 2001, 147-165.

Karl Rahner, **Grundkurs des Glaubens. Einführung in den Begriff des Christentums**, Freiburg im Breisgau 1984.

Monika Renz, **Zeugnisse Sterbender. Todesnähe als Wandlung und letzte Reifung**, Paderborn 2001.

Salzburger Äbtekonferenz (Hrsg.), **Die Regel des heiligen Benedikt**. Beuron 2006.

Georg Scherer, **Art. Tod, Philosophisch**, in: TRE Bd. 33, Berlin 2002, 629-635.

Regula Schmitt-Manhart, **Altern und Sterben in Würde**, in: M. Mettner, Wie menschenwürdig sterben?, Zürich 2001, 257-268.

Josef Schuster, **Art. Sterbehilfe IV**, in: LThK Bd. 9, Freiburg im Breisgau 2006, 979-980.

Friedrich Stiefel, **Sterbewunsch, Suizidgedanken, Suizid und aktive Euthanasie bei Krebskranken mit fortgeschrittenem Leiden**, in: M. Mettner, Wie menschenwürdig sterben?, Zürich 2001, 29-35.

Noémi D. de Stoutz, **Palliative Betreuung und Sterbebegleitung statt Sterbehilfe**, in: M. Mettner, Wie menschenwürdig sterben?, Zürich 2011, 37-40.

Daniela Tausch-Flammer, **Sterbenden nahe sein. Was können wir noch tun?**, Freiburg im Breisgau 1993.

Markus Zimmermann-Acklin, **Töten oder Sterbenlassen?**, in: M. Mettner, Wie menschenwürdig sterben?, Zürich 2001, 51-70.